Lighting Notebook of
Garden and Residence

Kazuhiko Hanai

庭と住まいの
照明手帖

花井架津彦 著

X-Knowledge

目次

6	庭と住まいをつなぐ明かり
10	住まいの暗さと暮らし
12	内と外がつながる夜のコートハウス
56	庭木のライティング図鑑
86	上からの明かりで庭とバルコニーを照らす
88	暗くすると見える美しい秋の庭
92	夜の現場に答えがある
128	心地よい暗さにあふれる夜のリビング

1

15 外構

16	外構照明がつくる美しいまちなみ
18	"株立ち"と"幹立ち"
20	"常緑樹"と"落葉樹"
22	庭木の美を引き立てる適度な隙間
24	アッパーライトは外壁のそばに
26	樹木を魅せる光と背景
28	樹木の躍動感をつくる
30	地中埋め込み灯で余計なものを照らさない
32	光で美しく印象的なアプローチをつくる
34	不等辺三角形という美意識

2

37 庭

38	庭木は"自然な月明かり"で照らす
40	庭のライトアップは高い位置から
42	軒天井を利用して高所からグレアレスダウンライトで照らす
44	コートハウスの心地よさを高める明かり
46	庭と室内をつなぐ中間領域の光
48	中間領域に描く美しい光と影
50	水鏡に庭の情景を投影する
52	水のゆらぎを取り込む
54	車のシルエットを引き立てる光

3

65 映り込み

66 薄明かりのなかで見える景色
68 白は映り込み、黒は映り込まない
70 映り込みを消すならグレアレス
74 ペンダントの映り込みはランプシェードで消す
76 コーニス照明は窓と直角に
78 コーブ照明と映り込み
80 目線を誘導。
82 内と外をつなぐ美しい映り込み
84 ペンダントの幻想的な映り込み

5

113 間接照明

114 "幕板の高さ"と"開口寸法"
116 間接照明と建築化照明
118 壁を魅せるコーニス照明
122 吹抜け間接照明の光と影
124 吹抜けを利用した建築化照明
126 "1室1灯"の建築化照明

4

95 居室

96 壁が明るさ感を支配する
98 "集中配灯"と"分散配灯"
100 スリット照明という機能美
102 暗さを肯定するグレアレスダウンライト
104 グレアレスも視線から外す
106 玄関はシンプルに美しく
108 たかが廊下。されど廊下。
110 階段は光がタテに抜ける場所へ

Column

36 影は光の裏側にある
64 地窓でつくる光の庭
112 バーで食べる牛丼

5 はじめに
132 プロフィール
133 チームタカキ紹介
134 あとがき
135 事例提供

デザイン：ThereThere　イラスト：堀野千恵子

はじめに

住まいの庭木を照らし続けていると、
いつしか「庭の樹太郎」と呼ばれるようになりました。

住宅照明の提案は室内がほとんどですが、
外構・造園も含めた、住宅全体で明かりの提案を考えています。
"室内照明"と"外構照明"という言葉があるように、
照明の考えは、内と外で分かれてしまいます。

分断ではなく、曖昧に。
内と外を同時に考えていくと、中間領域の存在に気づきます。
ここには、縁側のような心地よい場所や、
きれいな景色を眺められる窓があります。
この曖昧な場所に明かりを灯すと、
内と外は緩やかにつながりはじめます。

夜の庭は放っておけば闇になります。
光がないと何も見えません。
闇のキャンバスに光で景色を描くのも私の仕事です。
そこに木立の景色は欠かせません。
その樹木は、常緑樹か落葉樹か。幹立ちか株立ちか。
樹木にも個性があります。
それを最も美しく闇に浮かび上がる照明手法を考えています。

夜の室内は放っておけば、物の見やすさを優先し、
照明で明るくなります。
夜の明るい部屋で見えないものは、窓から眺める外の景色です。
窓は内と外の明るさのバランスが崩れると鏡になり、
景色のつながりを分断します。
暗くすると見える景色もあるのです。

普段は悪と捉えられる暗さや影を、味方につけるのも
照明デザイナーの仕事であり、それを成功させるために、
一邸の図面を懸命に読み取り、一本の庭木を真剣に観察し、
一灯の照明器具を実直に配置し、住まいの明かりを完成させる。

家と庭を明かりでつなぎ、夜の暮らしを豊かにする。
そんな照明の手引きをつくりたいと考えました。

花井架津彦（大光電機）

庭と住まいをつなぐ明かり

鋼管の柱から大きく跳ね出すコンクリート打放しのスラブ。この印象的な建築を取り囲むように木立が佇んでいる。外構照明は樹木をアッパーライトで照射。葉を照らしながら、葉影を打放しコンクリートの天井に投影し、非日常的な美しさを演出する。開口部が多いので、内と外をすべて電球色（2,700K）で統一し、内外のつながりをつくりだした。

［写真：梅住泰広］

コンクリート打放しのスラブ・屋外階段と鋼管の柱、庭木のコントラストが印象的な中間領域。軒天井に特注の照明器具を設置して、V字型の鋼管付近に光だまりと影をつくり、構造の力強さを強調している

[写真：稲住泰広]

室内から天井高いっぱいの窓越しの庭を見る。室内側は映り込みのないグレアレスダウンライトを使用しているので、緑鮮やかに演出された庭がはっきり見える

まぶしさを抑えたグレアレスダウンライトを採用したダイニング。器具は天井の板材と同色に塗装し、インテリアとの同化も図った

畳部屋は、壁と天井の内装色をグレーにして空間の映り込みを抑えている。庭は上からの光で低木を照らしている。光の重心を低く抑えつつ、室内のスタンドライトを意図的に映り込ませ、庭の景色と融合させた

[写真：稲住泰広]

住まいの暗さと暮らし

《明るさとは善であり、暗さは悪 》
住まいの照明は大抵このルールをもとに進められる。「どこでも新聞を読めるのが、日本の明るさの常識」と言ったのは建築家 宮脇檀氏。LDKはもちろん、玄関・廊下、トイレに至るまでどこでも小さな文字が読め、壁の隅まで明るさに満ち溢れた住空間を、住まい手は不安だから求めてしまう。

一方、住宅設計者・インテリアコーディネーターと話しをすると「夜の照明は暗いほうがいいよね」と意気投合する。「住まい手が求める明るさ」と「提案者が好む明るさ」の間に長年埋められない溝が存在する。こうした意識の乖離が生まれる背景には、今までの自宅の明るさが住まい手の正解であり、現状維持で問題ないという考えがある。その明るさは蛍光灯シーリングから放たれる白くて明るい光。

日本における代表的な明るい照明手法は"1室1灯"。これを否定するつもりはない。イニシャルコストを抑えながら、空間をまんべんなく明るくできる。電気工事も簡単で、見慣れた明るさだから、クレームは少ない。照明器具も簡単に交換できる。 ただし、それでは照明計画は「夜の行動を可能にし、視作業用の明るさを確保する」設備計画で終わってしまう。

宮脇檀氏は「蛍光灯は定食。白熱灯はごちそう」という言葉も残している。壁の隅まで白い光が廻り、効率的で明るい蛍光灯は、満腹感を得ることが目的の"定食"と同じである。一方で光量を抑え、温かな光を放つ白熱灯は、満腹感は得られずとも、夜の居心地と満足感をもたらす"ごちそう"と位置付けられる。光源がLEDに変わった現在も、住宅照明の基本は"定食"なのかもしれない。

住まいには、暗さを肯定する時間と場所が必要である。ただし、"悪い暗さ"と"心地よい暗さ"が存在する。視作業に支障をきたすのは"悪い暗さ"。それを犠牲にしてまで、夜の住空間を暗くするのは、照明計画の失敗と言わざるを得ない。過剰な明るさや不快なまぶしさを抑え、温い明かりで適度な影が存在する"心地よい暗さ"は、夜の住まいを豊かにする。具体的なシーンを想像しよう。
「アウトドアリビングで気の合う仲間と会食する」
「ほのかな明かりで大事な人とお酒をたしなむ」
「室内の明かりを落として、映画や庭の景色を楽しむ」
夜に安らげる場所を求めるとき、人は無意識に暗さを求め、影を利用して人と人の間に適度な境界をつくる。"明るさは善であり、暗さも善"。
日本の住宅に、暗さを許容し、肯定的に捉えられる環境ができれば、夜の住空間の質は向上するだろう。

内と外がつながる
夜のコートハウス

石張りの壁に囲まれた中庭と、天井をスギ、壁をアッシュで仕上げたスキップフロアがあるコートハウス。庭は壁で囲まれているため、光を受ける面が多く、高所からのスポットライトによる月明かりのような自然な光で庭の美しさを強調している。一方、室内では、板張りには照明器具は設置せず、間接照明でスギ板の天井と2階の壁面を照射し、空間の明るさを確保している。内と外の明るさのバランスを考え、空間に奥行きと広がりをもたせた。

[写真：石井紀久]

ライトアップされた中庭。高所からの光が落葉樹の葉を透過し、目に飛び込んでくる。アッパーライトも併用し、樹木のシルエットを軒天井に投影している

小ぶりな4つのペンダントを連灯したダイニングテーブル。ペンダントの吊り高さ（灯具下面の高さ）は、着座時の視線などを考慮してテーブル天板から680mmで設定

夜のリビング。室内の明るさを落としつつ、庭を明るく演出している。ピクチャーウィンドウで切り取られた、庭木の新緑、ヒラドツツジの花、石張りの壁に、視線が導かれる。集光した光で強調したソファの素材感も美しい

［写真：石井紀久］

1

外構
Exterior

外構照明がつくる美しいまちなみ

住宅の外構照明は主に、門柱灯・玄関ポーチ灯・防犯灯。この"三種の神器"のような照明器具があれば照明計画は完結するのかもしれない。
それと同時に、近隣やまちに配慮した、美しい夜のまちなみづくりも考えなければならない。それが、照明デザイナーの仕事であり、責務でもある。
しかし、外構照明はむずかしい。
夜の闇をいくら照らしても、明るくはならないからだ。人は、目に見えない光が"何か"に当たった反射を見て明るさや、形、色をはじめて認識する。

したがって、"何を照らすか"が重要となってくる。照明器具の選定だけでは、美しいまちなみは完結しない。やみくもに、外壁やカーポートを照らしても美しくはない。照らされるものによって、景観は大きく変わる。
住宅の質を高めるうえでも、植栽はとても大事な要素。まちの景観も大きく変わり、美しい佇まいが生まれる。

美しい木立を照らす。葉が反射板の役割を果たし、闇のなかに浮かび上がる。これが連なることで、美しいまちなみが形成される。

1戸の住宅に捉われず"景観づくり"まで考えた明かりの提案。これが私の信条である。

外構照明・新三種の神器

① ユニバーサルダウンライト

軒天井のダウンライトは器具の"存在感"を最小限に抑え、照射物を印象づけるのに効果的。ユニバーサルタイプなら照射方向の調整も可能で演出効果が高い

門柱灯・玄関ポーチ灯・防犯灯による外構照明。機能的ではあるが、景観の魅力に欠ける。庭木がない景色もさみしさを感じる

16　　　　　　　　　　外構　　　　　　　Exterior

建売分譲地の外構照明。色温度をすべて電球色（2,700K）で統一し、建物よりも、木立を浮かび上がらせた。室内から漏れる窓明かりも電球色。明るさを抑えた夜の佇まいが、ほかにはない美しいまちなみをつくりだしている

② スパイク式のスポットライト

スポットライトは照射物と照明器具の位置関係をコントロールするのに最適。配光角度を選べるので、照射物に応じた最適な光の選択が可能

③ 庭園灯

庭園灯は、周辺に柔らかな光だまりをつくるのに最適。昼間の表情も考慮し、コンパクトなデザインを選ぶ

外構　Exterior

"株立ち"と"幹立ち"

樹木の幹は"株立ち"と"幹立ち"に大きく分けられる。
1つの根元から複数の幹が分岐しているのが"株立ち"。
幹が根元から上部まで1つになっているのが"幹立ち"。

"株立ち"の樹木をライトアップすると、幹は光を受ける面が細く、隙間から光が漏れ、闇と適度に同化する。幹の隙間から漏れる光が葉を浮かび上がらせる。

"幹立ち"の樹木をライトアップすると、幹が太くなるほど光を遮断し、影が生まれやすい。密集した葉や枝は、光の抜け道も塞いでしまう。
この場合は幹を当てるのではなく、葉を外からなでるようにライトアップするとよい。

樹木を1つにまとめて考えてはいけない。
その特徴を理解して照明手法を考える。
美しい木立の夜景をつくるために。

株立ち

幹の細い株立ちの木は、ライトアップするとその繊細さが美しく感じられる。アオダモのように葉の小ぶりな木は光が全体に行き渡り、さらに美しさを増す

株立ち　　　　　　　幹立ち

株立ちと幹立ちの比較。幹や枝、葉が織りなす表情は大きく異なる

幹立ち

幹が太く無骨さが強調され、美しく感じない。さらに葉が密集しているので、光が回らず暗さや影を生じるため、ライトアップが難しい

ソテツを裏からアッパーライトで照らすと、太い幹が陰となり、不気味な印象になる

同じ幹立ちでも竹は幹が細く、葉も細いため、光が上まで抜けやすい。アッパーライトで照らすと、その美しさが際立つ

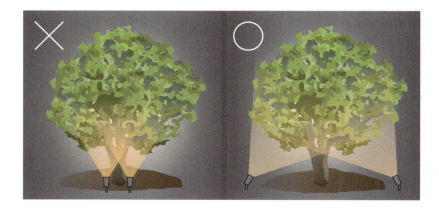

幹が太く、葉が密集して光の抜けにくい幹立ちの木をライトアップする場合は、外側から照らすことで樹木全体をきれいにライトアップできる。この場合、照明器具と樹木の間にある程度の距離が必要となる

外構　　Exterior　　19

"常緑樹"と"落葉樹"

樹木によって"葉"の大きさや厚みは異なる。

一般的に落葉樹の葉の厚みは薄く、淡い緑色。光が当たると障子紙のように光を柔らかく透過する。

一方、常緑樹は葉が分厚く光が透過しづらい。
下手にライトアップすると、建物の外壁や塀に強く影が生じてしまうため、樹木よりも影が主役になってしまう。

常緑の葉は、表と裏で表情が異なることも覚えておきたい。太陽の光を受ける表面は、漆器のような艶があり、"照り葉"と呼ばれ、反射板のように光を適度に照り返す。したがって、葉の表を照らす上からの光と相性がよい。

光を透過する葉と、照り返す葉。
照明手法が同じでも、葉の種類で表情は大きく変わる。
樹木のライトアップは、葉のライトアップと考えてもよい。

落葉樹（アオダモ・コハウチワカエデ）を上から下にライトアップ。葉を透過した光が美しい

常緑樹 — 光を反射する（表面に艶がある）／光が透過しづらい／影が生まれやすい
葉が厚く、表面に艶があり、光を反射して葉が明るく見える。光を透過しづらいので影が発生しやすい

落葉樹 — 光が透過しやすい／影が出にくい
葉が薄く光を透過しやすいので、影ができにくく、柔らかな印象を与える

20　　　外構　　　Exterior

落葉樹のライトアップは、四季の移り変わりを感じるのに最適。アオダモのように株立ちで、葉の密度が薄い樹木は、光を樹木全体で受け止めて非常に美しい姿を見せてくれる［左］。葉の落ちた季節も繊細な幹に趣を感じる［右］

光を通しにくい常緑樹は、葉の表面に光を当てると効果的。写真は椿のライトアップ。光を受けた葉が"照り葉"として艶が生まれる

ハクサンボクのように大きな葉をもつ常緑樹を下からライトアップする場合は影に注意。葉の裏側ばかりを照らしても美しくない

庭木の美を引き立てる適度な隙間

葉が生い茂る密度は、樹木の見え方を大きく左右する。密度によって、光の廻り方や伸び方は大きく変わる。

P22は常緑樹のオリーブをアッパーライトで照らした例。樹木にスポットライトを近づけて根元から照らすと、光が回らず幹の下で止まってしまう。常緑樹で葉が密集しているときは、少しスポットライトを離すとよい。樹木の表面に光をかけるイメージにすると樹木全体が明るくなり、オリーブの葉が銀色に輝く。

P23の落葉樹で葉が密集していない場合には、根元付近にスポットライトを設置して照らすとよい。樹木のなかに光を溜め込むイメージ。樹木全体が柔らかな光で包み込まれ、とてもよい雰囲気になる。

最後に、必要に応じて葉の密度を調整するテクニックも、知っておきたい。"剪定"だ。適度に"剪定"を行えば、樹木に隙間が生まれ、光が廻りやすくなる。

△ 幹を照らし光が止まっている

△ Before

○ After

○ 器具を離して葉に光をかける

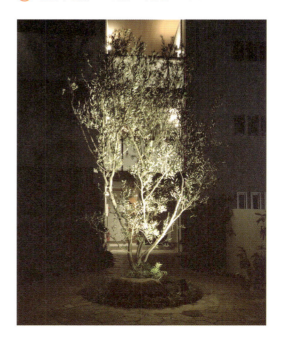

― Point ―
樹木のライトアップは、スポットライトの位置と方向で表情が変わる。葉の密度が多い樹木は、離して照射すると、全体に光が廻り、効果的な明るさ感が生まれる

アッパーライトで照らされた株立ちのコハウチワカエデ。適度に透かし剪定がされているので、光が樹木全体に行き渡る

外構　　Exterior

アッパーライトは外壁のそばに

外構照明における代表的な器具といえばアッパーライト。下から上へ照らす方法は、外構照明の常套手段といえる。ただし、器具の設置位置を間違えると、照明効果は台無しになってしまう。

一般的には、器具を樹木の手前側に設置して、建物や塀側に光を当てる手法で行われることが多いものの、これでは、樹木の大きな影が建物や塀に強く投影されてしまう。自然界には存在しない不自然な影だ。

そこで、スポットライトの位置を樹木と建物や塀の間に移動させてみる。外壁に投影される不自然な影は瞬く間に消失。庭木本来の樹形が浮かび上がり、外壁も美しく演出できる。アッパーライトは外壁のそばに設置しよう。

△ 樹木を前から照らす

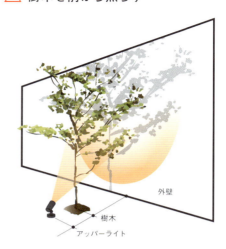

外壁に近い位置に植えられた樹木を、前からアッパーライトで照らすと、外壁に樹木の影が映し出される。その影は庭木よりかなり大きく、外壁全体を覆う目障りな存在になりかねない

○ 樹木を裏から照らす

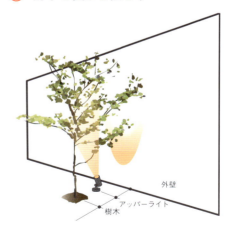

スポットライトを樹木の裏に設置すると、外壁に影は発生しない。幹や葉をはっきりと視界に捉えることができるので、夜の景観が美しく見える

意図して映し出された樹木の影は非日常的な美しさを演出する [P6・7]

外構　　Exterior

樹木を魅せる光と背景

アッパーライトの配光角度について考えてみよう。配光角度によって樹木の見え方は大きく異なる。葉の密度が薄く枝が広範囲に広がる落葉樹などは、広角配光（30°～60°）がお薦め。樹木全体をライトアップできる。

葉が密集している常緑樹および高木の葉を先端まで照らす場合は、狭角配光（10°～20°）がお薦め。樹木に光を集中させ、先端まで光が届く。

外壁の色も重要な要素の1つ。外壁を黒くすると（暗くすると）、壁が光を吸収するので、自ら闇のなかに身を隠す。結果として暗闇のなかで緑鮮やかな樹木が際立つ。

外壁を白くすると（明るくすると）、壁が光を反射してしまう。不要な影と光が生まれ、樹木の美しさが強調されにくい。樹木のみを魅せるなら、外壁を黒くするのも1つの方法。

外壁はダーク色仕上げ。光を吸収する効果のあるダーク色は、外壁に投影される樹木の影を消すことができる

狭角配光（10°）のアッパーライトで樹木を照らすと、光を遠くへ飛ばすことはできるものの、拡散しない光なので、樹木が部分的に明るくなり、明暗の差が強い

広角配光（60°）のアッパーライトならば、樹形全体を光が包み込むので、全体を認識しやすい

アオダモを配光角度30°のスパイク式スポットライトで照射している。外壁をダーク色にしているので、アッパーライトを照らしても外壁に樹木の影が描かれない

外構　　Exterior

樹木の躍動感をつくる

定規で引いたような真っ直ぐな樹木。幹や枝ぶりに躍動感のある樹木。樹木にはさまざまな立ち姿がある。

日の当たる方向を目指して成長する樹木には表と裏があり、その立ち姿は、見る人の位置や角度によって少し変わる。この何とも形容しがたい、木の風貌容姿、勢い・気配のことを"気勢"という。

"気勢"を構成するのは樹木だけではない。庭を構成するあらゆる素材、外壁の色、石組みなどと補完し合い、庭全体の"気勢"となる。樹木のライトアップでは、この"気勢"を意識しなければならない。

器具は配光角度の狭いスポットライトを選ぶとよい。枝葉の先端のみが明るくできる一方、適度な陰影を表現できるから。

日の当たる方向をめざす枝の勢いや、日の光をいっぱいに受け止めようと広がる葉の容姿など。
"気勢"を部分的に浮かび上がらせる光には趣がある。

昼間の風景。天窓の光が空間に光を満たす。建築空間の陰影はあるが、クロキとマツラニッケイに光が廻っている

アッパーライトによる気勢の演出。幹の近くにスパイク式のスポットライト(狭角配光)を配置し、枝の先端を狙う

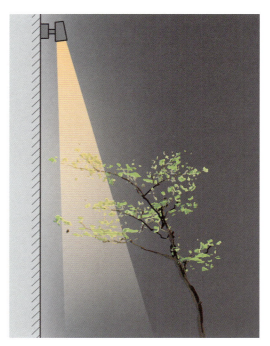

スポットライトの配光角度はあえて挟角とする。樹木の先端のみに光がかかるので、"気勢"が強調される

"気勢"を意識し、樹木の先端をライトアップすることで、生命感あふれる庭の景色が生まれる

外構　　Exterior

地中埋め込み灯で余計なものを照らさない

欲しいのは"照明器具"ではなく、"光"。
照明と建築業界ではよく耳にする聞こえのよい言葉である。私も実際にプレゼンテーションでよく使っている。
外構照明においても、出幅が大きいとか、背が高いとか問答していくと、最後は"地中埋め込み灯（グランドライト）"に辿り着く。地面に埋め込むのだから、照明器具の存在は間違いなく抑えられる。

ただし、きれいな"光"は演出できているのだろうか。
この地中埋め込み灯、実は思いがけないイタズラをしている。
・建物の外壁をライトアップするつもりが、実際は建築基礎と水切り板しか照らしていない
・軒天井を美しく照らしているつもりが、実際は、玄関ポストが照らされて影が主役になっている
・壁はうまく照らせた。光はきれい。
　でも実際は照明器具と地面のタイル目地がそろっていない

器具の存在は隠せても、建物の見せたくない部分もライトアップすることで、照明計画の"油断"もいっしょに見せているのである。
地中埋め込み灯は、隙のない洗練された建築がよく似合う。

地中埋め込み灯で建築基礎と水切り板、縦樋をライトアップした例。見せたくないものが強調されている

上／照らす面（壁）ばかりを意識しすぎて、地中埋め込み灯と床のタイル目地がそろっていない例。施工に手間がかかるほか、見た目もよくない　下／玄関ポーチでの失敗例。壁と軒天井を照らすつもりが、1番目立っているのは照明計画で見落としたポストの影

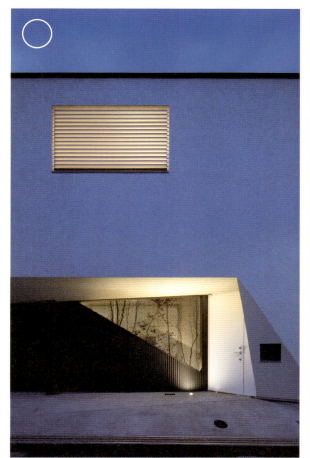

[写真：冨田英次]

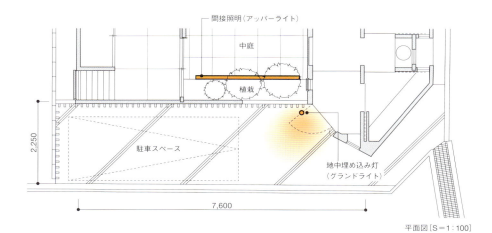

平面図［S＝1：100］

地中埋め込み灯1灯で玄関アプローチ全体をライトアップした例。地中埋め込み灯の設置位置を玄関扉に近づけて取手と鍵穴の視認性を確保したほか、集光した光で軒天井や壁と同化した玄関扉をライトアップしている。床は水切りレベルまでかさ上げされているので、P30のような失敗も起きない

光で美しく印象的なアプローチをつくる

人は、視線の先が明るいと"安心感"が生まれ、前へ進みやすくなる。
人は、視線の先が暗いと、"不安感"が生まれ、先へ進みにくくなる。
人は、暗い場所から明るい場所へと引き寄せられていく。

玄関アプローチの照明計画は、このような人の心理効果も計算に入れると、より印象的になる。"人を誘い込む光"や"空間を立体的に浮かび上がらせる光"を駆使して美しく印象的なアプローチをつくりだす。

[写真：石井紀久]

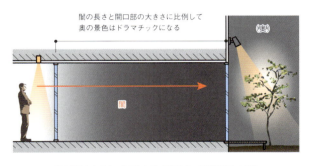

闇の長さと開口部の大きさに比例して奥の景色はドラマチックになる

奥も引き立たせたいのであれば、勇気をもって"暗さ"をつくる

人を誘う"サバンナ効果"

玄関の長いアプローチにあえて闇をつくりだす。ただし、視線と動線の先には、明るさと景色を確保する。この明暗の対比が大きいほど、"安心感"の先にある"印象的"な景色が生み出される。この明暗による心理行動は、「暗い森からサバンナ（草原）へ駆け出す」という例え話から"サバンナ効果"と名づけられた。闇が脇役となり、視線の先の庭は引き立てられている。外構照明では肯定されない"暗さ"をあえてつくると、木立を照らした奥のスポットライトが一筋の光明となる。玄関アプローチの演出にも、"脇役"がいるから"主役"が引き立てられる

[写真：冨田英次]

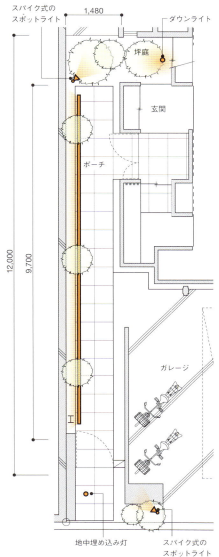

平面図 [S＝1：100]

長さ約12mにおよぶ長いアプローチに設置したアッパーライトの間接照明

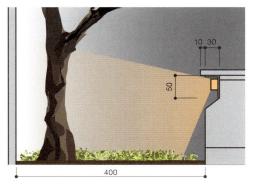

立上りのコンクリートの側面にコンパクトなLEDのライン照明を仕込んで、グランドカバーと樹木、塀をライトアップ

"遠近法"による空間演出

建物の外壁と塀によって視野が狭められた"長さ"を感じさせるアプローチ。路面の片側にはライン照明を仕込んでいる。昼間は照明の存在を消し去り、夜は足元から光のグラデーションが放たれる。木立を間接光で照らしながら、反射した光を外壁と軒天井が受け止める。奥に伸びる直線的な光は、透視図（パースペクティブ）の線を描くように、空間を立体的に浮かび上がらせる。絵画の技法である"遠近法"を照明計画でも活用し、奥行きを演出する。その光は、アプローチに美しさと安心感を与え、行き先を示す道しるべとなる

不等辺三角形という美意識

樹木の配置に、不等辺三角形という暗黙のルールがある。同じ種類の樹木を等間隔で並べず、樹種・高さ・配置に変化を加え、あえて不均一にするというもの。
作為を感じさせない、という日本の造園の世界観を表現する。

庭の照明もそれにならうのが自然であり、不等辺三角形を意識している。外構図のなかで、不均質な三角形を描くように照明器具を配置し、樹木や外構部材を照射。さらに、照明器具の種類および配光を使い分け、光のポジションに高低差をつけていく。空間演出と安全性の確保を両立しながら、夜の庭に奥行き感・立体感・安定感を生みだす。このとき、各頂点で照明器具の種類や照らす樹種を変えると、適度な不均一さが演出され、夜の庭はより美しい佇まいとなる。

高さや形の異なるさまざまな樹木で構成された外構

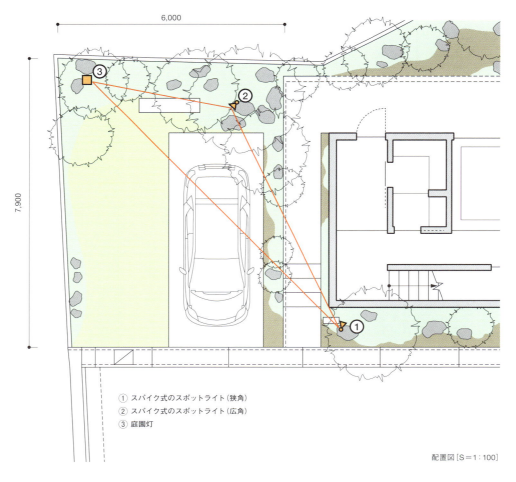

① スパイク式のスポットライト（狭角）
② スパイク式のスポットライト（広角）
③ 庭園灯

配置図［S＝1：100］

34　　外構　　Exterior

上／庭園灯とスポットライトを組み合わせた計画。スポットライトの光が樹木上方の葉を照らし出しているので、外構全体に立体感が生まれ、表情が生き生きと感じられる
下／庭園灯のみで計画された外構照明。光のリズムが単調で、夜の演出として魅力に欠ける

Column

影は光の裏側にある

能楽において用いられる能面。
能面のなかのひとつである"女面"は、1つの面だけで喜怒哀楽のすべてを表現ができるよう、"彫"に打ち込まれている。

下から照らす光を照明の用語で、"アッパーライト"という。
だが、地平（水平）線に沈みきった太陽の光（自然光）では、
人の面が下から照らされることはない。

自然界では見られない、下からの光で照らされた"女面"の表情。
見る人へ不安や恐怖といった印象を与えているだろう。
原因は下から上へと伸びる"影"。
光で生まれる影の方向が、日常とはまったく逆転しているから。
反面、自然界では見られない下からの光だからこそ可能な、
非日常的な演出や印象的な効果が得られる。
照明デザイナーの仕事とは、光を操る"明かり"をつくること。
言い換えるなら、光の裏側にある
"美しい影"をつくることでもある。

【 下からの光　上への影 】

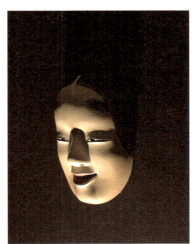

【 正面からの拡散光 】

2

庭
Garden

庭木は"自然な月明かり"で照らす

庭木と明かりの関係にはこだわりがある。
たどり着いた答えはいたってシンプル。
庭木は自然な明かりでみせるのが美しい。

夜の光といえば月明かり。上から下へと光を落とすのが自然である。ところが、庭の照明は、下から上への光となっていることが多い。大半の照明器具は地面から設置されてしまうからだ。光の方向が上下反転してしまう。もちろん影の方向も反転してしまう。
ものの見え方は"自然"ではなく"不自然"だ。

上から下に光を落とすには、建物の外壁にスポットライトを取り付ける手法を選択することになる。ただし、外構工事が始まってからでは、外壁に照明器具を取り付けられない。建物の設計段階から、庭の明かりも考え、建築工事として、外壁の最適な位置にスポットライトを取り付ける。

庭の明かりを先に考えるか、後回しにするか。
光と影の方向で庭の夜景は劇的に変わる。
自然で美しい夜景は果たしてどちらか。いうまでもない。

△ "下から上へ"の光

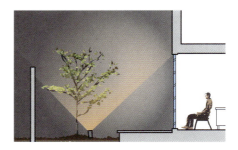

スポットライトなどで樹木を下からライトアップすると、樹木が暗闇に浮かび上がる。ただし、樹木以外は空気と一部の壁しか照らしていないので、明るさ感が乏しい。掃出し窓の場合は、地面のスポットライトが室内から見えてしまうのも難点

○ "上から下へ"の光

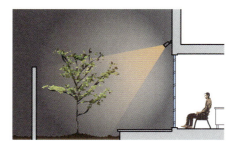

高所からスポットライトで樹木を上から下にライトアップすると、樹木全体やグランドカバー、庭石・砂利をはっきり見せることができ、効果的な明るさ感が得られる。室内から光源が見えづらく、人の視線を庭へと集中させる

庭　　Garden

庭のライトアップは高い位置から

庭のライトアップで大切なのは器具の取り付け位置はできるだけ高くという意識。
実際にスポットライトを2階の外壁上部に設置することもある。理由は、月明かりのように上からの光で自然に照らすことと、室内からスポットライトが丸見えにならないようにするためである。
設置位置が低いと、スポットライトが傾きすぎて、西日が直撃するような、まぶしさが発生してしまう。さらに、伸びきってしまった影も足元に現われ、演出の妨げとなる。

スポットライトを高い位置に取り付ける場合の注意点は、以下の3つ。
・近隣に対して、まぶしさで不快感を与えないように配慮した場所に設置すること。また、まぶしさを抑えた器具や遮光フードの装着を検討する
・建物の外観を壊さない場所に設置すること
・調整やメンテナンスが容易な場所に設置すること

照明器具はスポットライトにこだわらなくてもよい。軒天井があれば、グレアレスダウンライトを選択するのも1つの方法。器具の存在感を抑え、建物外観の美しさを崩すことがない[P42・43]。

上／スポットライトの取り付け位置が低すぎると、影が不自然に伸びて、柔らかな月明かりのような雰囲気を表現できない
下／同じく、窓越しに光源が見えてしまう

スポットライトはできるだけ高い位置に

△ 低所

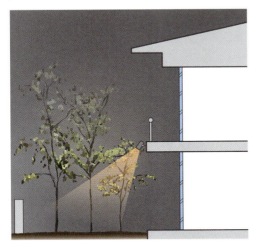

1階窓の上部にスポットライトを取り付けた例。高木の幹・枝・葉に光が十分に行き渡たっていない。照射範囲も狭くなる

○ 高所

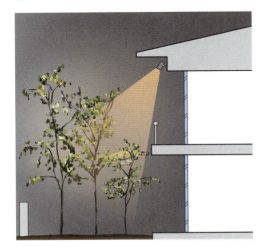

2階軒先レベルにスポットライトを取り付けた例。高木の幹・枝・葉にしっかりと光が当たっている。照射範囲も広く、地面の明るさも十分に確保されている

庭　Garden

軒天井を利用して高所からグレアレスダウンライトで照らす

リビングとつながる中庭。月明かりのような光で自然に美しく照らされている

高木のコハウチワカエデを上から照らす。樹木全体に光がかかっているので、どの場所から見ても美しい景色が楽しめる

高出力のグレアレスダウンライトで背丈が6m近くもあるコハウチワカエデをライトアップした例。落葉樹で葉が薄く、透かし剪定もされているので、上からの光が葉を透き通って地面へと届く。樹木全体が柔らかな光で照らされ美しい。グレアレスダウンライトなので、見上げた際に光源が目に入ったとしてもまぶしさを感じにくい。ダウンライトは軒天井に納まるので、天井高いっぱいの窓であっても、光源は室内から見えない

庭　　Garden

コートハウスの心地よさを高める明かり

コートハウスとは建築様式の1つで、建物や塀で囲まれた中庭をもつ建物を指す。多くの壁に囲まれているので、光を受ける面が多く存在し、照明設計の自由度は高い。中庭は外部と遮断されるため、近隣に迷惑をかけることもない。

コートハウスの場合は、特に2階の高所にスポットライトを設置することが多い。地面までの距離があるので、光の強い器具を選択するのがよい。
ただし、壁面に影が強く出るのを防ぐ必要がある。
右上の写真は、樹木と干渉しない壁に光を当てているので、影がなく明るさが確保されている。一方、右下の写真は、樹木の影が壁面に強く出てしまっている。影が強調されると、樹木は目立たない。影が強く出ないよう、現場でスポットライトの方向を調整したい。

P45は、高木のアオダモとコハウチワカエデをスポットライトで照らした例。どちらも葉が薄い落葉樹なので、高所から光を落とすと、光が葉を透過しながら柔らかく拡散する。この情景は何とも美しい。

器具の取り付け位置は高いほうが望ましいが、メンテナンスや近隣への光漏れを考慮して取り付け位置を設定すること

上／樹木と干渉しない外壁に光を当てると、樹木の影は発生しない
下／壁面に樹木の影が強く出過ぎると、ライトアップした樹木が目立たない

石張りの壁で囲まれた中庭をもつコートハウス。2階外壁（バルコニー）の一角に2台の光束値の高いスポットライトを設置して、壁・樹木・地面を照射し、室内から眺める庭の美しさを引き立てた。上からの光は落葉樹の葉を透過し、壁や地面に柔らかく葉影と光が落ちる

庭と室内をつなぐ中間領域の光

陽射しや雨、風の流れなど、日本の気候に合わせ、発展してきたのが、日本建築の特徴である長い"軒"。
軒下は、室内と室外をつなぐ中間領域であり、曖昧な空間。昔は"縁側"と呼んでいた。

近年では"アウトドアリビング"や"庭間"といった言葉に置き換えられ、室内外を問わず、空間を広く活用できる軒下のよさが見直されている。
ところが、中間領域は夜になると、屋外の闇の領域に取り込まれ、室内とは"分断"されてしまう。昼間と同じように明るく"曖昧"な空間として活用するには、光は欠かせない。
夜の中間領域を形成するには、室内を"近景"軒下を"中景"外構や庭を"遠景"として昼間と同様に考える必要がある。この3つの領域に明かりをつくる。

近景と中景は明るさと光の質をそろえることで、内と外がつながり一体感が生まれる。遠景はスポットライトなどを活用すると庭木などの景色を取りこめ、連続感をさらに高められる。

建物と外構の境界を曖昧にする明かりの考えは、日本の建築や文化とも相性がよい。

テラスに設けたアウトドアダイニングをライトアップすることで、内と外を含めた空間全体に一体感が生まれる

明治時代に建てられた数寄屋の名建築「臥龍山荘 臥龍院」。茅葺き屋根による大きな軒と縁側が中間領域となり、「壱是の間」と緑豊かな庭園をつなぐ

[写真：河野達郎]

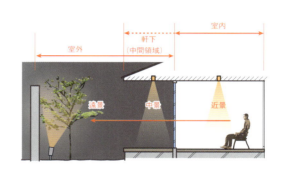

中間領域の照明計画は、屋内と光の質をそろえることが重要。統一された光が内外の領域を曖昧にして、空間に一体感をもたらすとともに、視線を自然に近景〜中景〜遠景へと導く

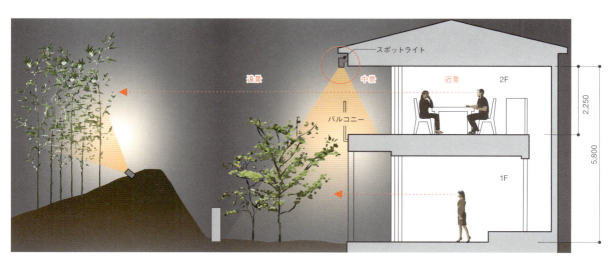

断面図[S=1:120]

軒先に設置したスポットライトの光の広がりを利用し、バルコニーの地明かりを確保した照明計画。中間領域(バルコニー)を照らすことで内と外の連続性を高め、空間により一層の広がりを与え、その先の景色へと自然に目線を導く

庭　　　Garden

中間領域に描く美しい光と影

室内と室外をつなぐ中間の領域は曖昧な空間。
闇との境界でもある。

その中間領域に明かりを設けることは前述のとおり、内と外をつなぐという点では効果的ではあるが、よほどの作業をしない限りには、室内ほどの明るさは必要ない。効果的に中間領域を魅せるためには、光はもちろん、影もうまく使いこなす必要がある。

もともと中間領域は床（デッキやタイル）と軒天井で構成された空間。足元に光を落とすだけでは、見た目の明るさは得られない。目線に、明るさを受け止める対象物が存在しないからである。
そこで、椅子や植木鉢をはじめとする"高さ"のあるモノを意図的に置くことを薦めたい。照射物が光を受けて明るく見えるだけではなく、その姿が影を生みだし、空間に陰影をもたらすからだ。

モノのかたちが、光を受け止め光を跳ね返す。
モノのかたちが、闇の中で存在を知らしめる。
集光した光は美しい陰影を描き、
散光した光は美しい明暗を描く。
闇と隣り合わせの中間領域にこそ楽しめる景色がある。

中間領域の椅子とテーブルを照らす。家具が光を受け止め、デッキスペースに奥行きと立体感が生まれる

森林のなかにある山道。木漏れ日が織りなす光と影の柔らかなコントラスト、地面の光だまりが実に印象的
［写真：河野達郎］

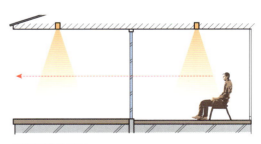

空中の光は見えない

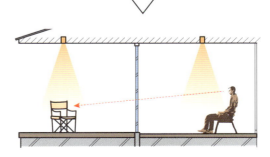

光を受けるモノがあって初めて光を認識することができる

据置き型のスポットライトで鉢植えの樹木を照射。下方向からの光は非日常的な印象を高める

軒天井からユニバーサルダウンライトで、鉢植えに陰影をつける。光のなかに浮かび上がる影が印象的

奥にある庭の景色を引き立てるため、中間領域は床面への光のタッチを抑え、視線を遠景へ導く [P90]

庭　Garden　49

水鏡に庭の情景を投影する

水面に姿が映って見えている現象を"水鏡"という。
見る人が、自分自身の顔を眺めるように水面を覗き込めば、自分の顔が正対して映る。
一方、水面から離れて見ると、顔は見えず、水の対面にある対象物が上下反転に映り込む。

この"水鏡"の情景を夜の庭につくりだす。ポイントは水面を照らさず、映り込ませたい景色だけを照射すること。水盤近くの木立をスパイク式のスポットライトで照射するとよい。樹木を"水鏡"に映り込ませるには、配光角度は広角とし、樹木全体に光を行き渡らせる。照らす面積が広いほど、広範囲に映り込み"水鏡"はより幻想的なものとなる。

水鏡はとても繊細な景色である。水面に強い光を照射すると反射が起こり、水鏡は消えてしまう。風で水面が揺らぐと水鏡に歪みが生じる。

水と光は相性がよい。
清く澄んだ水面は、透明ではなく鏡と捉える。
水鏡に映り込んだ木立を眺める。
毎日眺めても飽きない情景が住まいに生まれる。

[写真：使い道のない風景]

平安時代に建立された「平等院鳳凰堂」。建物は池の中島に配置されているため、煌びやかな建物の姿が水面に映り込む。ライトアップされた夜の映り込みは壮観。秋は紅葉した樹木とともに幻想的な世界をつくりだす

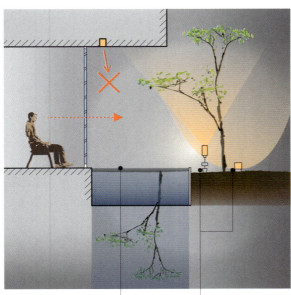

水面に光を当てると、映り込みはなくなってしまう

スポットライトと庭園灯で樹木とグランドカバーを広範囲に照射する

水面に強い光が当たると、水鏡はなくなってしまう

幅2,100mmの水盤に接するように植栽帯を設け、地面に設置したスポットライトで樹木をライトアップしている。枝分かれした株立ちならではの繊細なラインが水面に映し出される情景は実に美しい

[写真：平林克己]

庭　Garden

水のゆらぎを取り込む

風や動力でゆれる水面に光が当たると、
反射した光が軒天井に水のゆらぎを映し出す。

ゆらぎの演出はとても繊細で難しい。
静止した水面に強い光を当てても、ゆらぎは発生しない。
狙った場所にゆらぎを発生させるには、光を当てる角度も
重要になる。

晴天の強い日差しは集光の光。
反射した光と影を容易につくりだす。
曇天の弱い日差しは拡散の光。
直射日光がないから反射は期待できない。

夜に光と影のゆらぎをつくるとき、水面を照らす照明器具は、
できるだけ強く、集光した光がよい。室内から眺めるときは、
部屋の明るさをかなり落とさないといけない。当然のこと
ながら、調光器は必要となる。
ゆらぎはとても繊細な景色である。

天井面と窓越しの庭園が印象的な「迎賓館赤坂離宮和風別館」。
軒先にある池に太陽の光が差し込むと、廊下の天井に水のゆらぎが
投影される。こうした日本的な趣が人の心を癒す

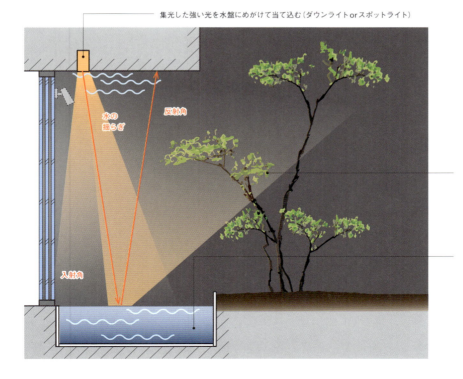

水盤の反射光で樹木の葉を
ほのかに照らす

水盤（ゆらいでいることが前提）

集光した強い光のユニバーサルダウンラ
イトで水盤を照らし、その反射光を軒天
井の羽目板に投影させている。ゆらぎを
投影する面材は、濃い色よりも薄い色の
ほうが、ゆらぎはより効果的なものとなる

52　　　　　　　　　　　　庭　　　Garden

[写真：平林克己]

車のシルエットを引き立てる光

「顔」「輪郭」「艶」を魅力的に。
人ではなく、車のライトアップのポイントである。

車には顔がある。
ヘッドライトやテールランプに、LEDの光源が採用され、顔のデザインは多様化された。
ヘッドライトを集光した光で照らし、車の目元を引き立てる。
照明器具は車の両サイドに配置する。
ボンネットの真上に照明器具があったとしても、目元はうまく照らせない。

車には輪郭がある。
しなやかな流線型や荘重な角型など、多様化が進んでいる。
車の背面にある壁を間接照明で照らしてみる。
車を逆光の状態にすることで、影絵のような輪郭が浮かび上がる。

車には艶がある。
照明器具やその光を、車のボディにあえて映り込ませる。
映り込んだ照明器具や光は、車に艶と輝きを与える。
人に見立てた「顔」「輪郭」「艶」の演出が、
車の美しさを引き立てる。

スポットライトの設置位置はボンネットの真上を避け、両サイドに設置するのが基本。配光角度は集光タイプの器具を選ぶ

冊数／

発行所	㈱エクスナレッジ・販売部 FAX〇三(三四〇三)一二八一九
書　名	庭と住まいの照明手帖

9784767826653

ISBN978-4-7678-2665-3
C0052 ¥2000E

定価2,200円
(本体2,000円+税10%)

番線印

X-Knowledge

庭と住まいの照明手帖

定価2,200円
(本体2,000円+税10%)

補充記録

書　名	発行所
庭と住まいの照明手帖	㈱エクスナレッジ・販売部 FAX 〇三(三四〇三)一三三一 〇三(三四〇三)一三八一九

9784767826653

ISBN978-4-7678-2665-3
C0052 ¥2000E

定価2,200円
(本体2,000円+税10%)

水盤・植栽帯越しにリビングと向き合うインナーガレージ。車の背面壁をコーニス照明で照らし、車のシルエットを強調。視線をインナーガレージに導く。合わせて、両サイドに取り付けたスポットライトでヘッドライトを照らしている

［写真：平林克己］

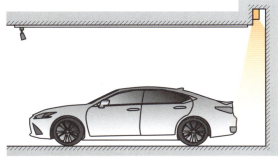

背面壁を間接照明（コーニス照明）でフラットに照らし、車のシルエットを強調する。同時に間接光が車のボディに映り込み、艶と輝きを与える

庭　Garden　55

庭木のライティング図鑑

アオダモ

【分類】モクセイ科／落葉高木

下からのライトアップ

上部に集まっている葉に向かって照射する

背が高い

Lighting Point

背が高いので配光角度20°程度を使用し、上部に集まる葉を照らす。光束値は400lm以上とするのが好ましい。中角配光のスポットライトで照らすと、上部の葉に光が届き、樹木全体を美しく演出できる。光が上部に届きにくい庭園灯は不向き

夏

中角配光のスポットライトで照らすと、上部の葉に光が届き、樹木全体を美しく演出できる

冬

繊細な株立ちの樹形は、落葉後も趣のある表情を見せる

| アオダモ | ヤマボウシ | ドウダンツツジ | ハクサンボク |

野球のバットに使用される木として知られる樹木。成長がゆっくりで、樹形も乱れにくいため、育てやすい。葉が小さくて薄く、葉の密度も少ないので、樹木全体に光が廻りやすく、照明との相性がよい。特に、春は白い花が咲き美しい。株立ちの樹形は繊細な佇まいで、落葉後の冬の姿も絵になるので、四季を通じて楽しむことができる。

上からのライトアップ

Lighting Point
スポットライトは2階の高所に設置する。光束値は1,000lm以上が目安。配光角度は狭角・広角どちらでも構わないが、葉を見せたいときは広角で柔らかく、地明かりを確保したいときは、狭角を選ぶとよい

葉が薄いので光が透過するほか、葉に乱反射した光が間接光となり、庭全体に柔らかな光が行き渡る

庭　Garden

ヤマボウシ

【分類】ミズキ科／落葉高木

下からのライトアップ

- Lighting Point -

葉が大きく、密集しやすいので、樹木全体に光が廻りにくい。狭角〜中角配光で、密集した葉に光を内包させる。光束値は木が小さい場合は300〜500lm、木が大きい場合は800lmが目安

幹から離して照射

葉が大きいため、葉裏が目立ちあまり美しくない。外壁にも影が出てしまう

幹の近くから照射

影を出さないように幹の近くにスポットライトを設置。狭角配光で幹と葉に光を集中させている

| アオダモ | **ヤマボウシ** | ドウダンツツジ | ハクサンボク |

白い花が上向きに咲くので、高所からスポットライトで照らすとよい。
上からの眺めが美しいので、2階リビングと相性がよい樹木。
葉は丸くて大きいので、葉裏よりも表面を照らすほうが美しい。
ライトアップの見頃は春と夏になる。

上からのライトアップ

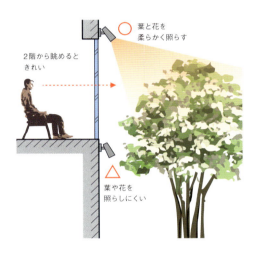

Lighting Point
高所から狭角よりも広角の光で柔らかく照らすのがポイント。光束値は1,000lm以上が目安。高い位置から樹木全体を狙うことで、密集した葉全体に光をかける

初夏は上部に白い花が咲く。2階からの眺めが美しい

上方からの光を葉全体で受け止め、美しく輝く

ドウダンツツジ

【分類】ツツジ科／落葉中木

下からのライトアップ

庭園灯が
お薦め

Lighting Point

低い位置に葉があり、照明器具と距離が近づくため、柔らかい光で照らす。拡散光の庭園灯か、広角配光（30°〜60°が目安）のスポットライトと相性がよい。集光した強い光は不向き

△ スポットライト（挟角）

低い位置の光が強すぎて、明暗の差が出てしまう

○ 庭園灯

柔らかな光で樹木全体に光をかける

| アオダモ | ヤマボウシ | ドウダンツツジ | ハクサンボク |

壺状に釣り下がって咲く愛らしい花を、灯明台（灯台）に例えて灯台躑躅（ドウダンツツジ）と呼ぶ。
生垣で使われることが多いが、株立ちでシンボルツリーとして使用しても、四季を通じて
十分楽しめる樹木。春は壺状の白い花が咲き、夏は菱形で小さな葉が新緑の季節を彩る。
お薦めは秋。真紅となった葉が庭のなかで存在感を放つ。落葉後の樹形も美しく、赤い蕾が点在する姿も美しい。

上からのライトアップ

Lighting Point
ライトアップする場合は、背がさほど高くなく、枝が横に広がっているので、広角配光の器具を選ぶ。出力は250〜600lmが目安。春夏秋冬それぞれに個性のある表情を放つドウダンツツジは、四季を通じてライトアップが楽しめる

庭　Garden

ハクサンボク

【分類】スイカズラ科／常緑低木

下からのライトアップ

Lighting Point

葉が大きく分厚いため、アッパーライトにすると、光が廻らず、葉裏ばかりを照らしてしまう。建物の外壁などが近くにある場合は、意図せず、影が広がってしまうので注意が必要。庭園灯などの柔らかな拡散光で影を軽減するなどの配慮が必要

大きく広がる影が建物の外観を覆ってしまう

庭園灯の柔らかな拡散光で影を軽減

強い光でライトアップすると外壁に影が投影される

| アオダモ | ヤマボウシ | ドウダンツツジ | **ハクサンボク**

葉が大きく"照り葉"が魅力の常緑樹。春には星を散りばめたような花が咲き、秋には真っ赤な実をつけるなど、四季の移り変わりを感じさせてくれる。
葉は分厚いので、光が透過しづらく、影が発生しやすい。アッパーライトは不向きな樹木。
照り葉は"上から下へ"と光を落とすことで、葉に艶が生まれ、美しく輝く。

上からのライトアップ

Lighting Point
比較的背が低いので、高所からライトアップする必要はない。スポットライトは1階窓上くらいの高さに器具を設置する。葉の表面に光沢があるので、光をきれいに反射してくれる。逆に、葉裏には光沢はないので、上から照らすほうが"照り葉"としての魅力を大きく引き立てる。広角の柔らかい光がよい

外壁に影が出ず、葉と幹が強調されている

上からの光は葉に艶が出て美しい

庭　Garden

Column

地窓でつくる光の庭

「三井ガーデンホテル京都新町別邸」の中庭。
縦方向に延びるスチールのルーバーと、水平方向に視線を
誘う半地窓を組み合わせた大きな開口が、実に印象的な
空間である。和を表現した美しい中庭でもある。

人が見る位置によって視線を遮るのがルーバー。
ところが、この中庭は正面から見ると、左右の視線は若干
遮られるものの、ほとんど視線が抜けて見えてしまう。
なので、中庭を照らす照明器具を安易に設置してしまうと、
種も仕掛けもバレバレの手品師のように、すべてを見透かされ
てしまう。これはマズイ。

ここでひとひねり。メンテナンスも考慮に入れ、視線に入らない
壁の高い位置にスポットライトを取り付けた。
光だけが足元に落ちる情景は、
月明かりに照らされたような、美しい中庭を表現している。

［写真：ナカサアンドパートナーズ］

3

映り込み
Reflection

薄明かりのなかで見える景色

美しい住宅には、眺めていたくなる窓からの景色がある。昼と夜は問わない。「夜の窓越しに見える景色を美しく」という思いで、照明計画に臨んでいる。
昼間、太陽の光を室内に取り込むべくカーテンが開けられるように、眺めていたくなる夜景があればカーテンは開かれるはずだと。

しかし、室内の照明を普通の明るさにすると、夜の窓は"鏡"となる。庭は見えず、代わりに窓ガラスに自分の姿が現れる。これを"映り込み"という。ガラスが完全な透明物でなく、表面で反射するために、周囲のモノや人が映る現象だ。
窓が壁一面になると、フィットネスジムのような鏡張りの空間となる。そこに心地よさは感じない。

そこで、部屋の明るさを"薄明り"に調節し、庭木に光を当ててみる。すると、鏡だった窓はふたたび透明へと近づき、木立の景色が窓越しに浮かんでくるようになる。

明るくすれば何でも見える。夜の生活シーンには必要な条件である。しかし、部屋を暗くすることで見える美しい景色と豊かな時間があることも忘れてはならない。

△ 室内の映り込みで庭が見えない

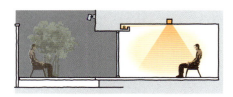

外の明るさ < 内の明るさ

壁際の間接照明(コーブ照明)を100%の明るさで点灯し、庭のスポットライトは消灯。窓ガラスに室内の様子(壁・反対側の窓・家具・照明)が完全に映り込んでいるため、外構と植栽が美しく見えない

○ 照明をコントロールし、
内と外をつなぐ

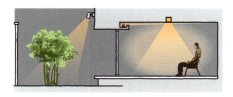

外の明るさ ≧ 内の明るさ

調光器で間接照明の照度を落とし、庭のスポットライトを点灯。窓ガラスへの映り込みがほぼ解消され、外構と植栽がはっきりと見える

Point
1. ガラスは二面性をもつ。昼は"透明"、夜は"鏡"
2. 室内は調光器で明るさを落とす
3. 窓外の樹木を照らす

映り込み　　　　Reflection

白は映り込み、黒は映り込まない

近頃、住宅の内装もダーク色系が流行っている。光を吸収してしまう色をふんだんに取り入れた内装を提案しておきながら「明るくしたい」という。照明計画は悩ましい。

内装色と明るさは常に連動している。夜景の美しい店に共通していることは、内装の色がダーク（暗い）色であること。店内の映り込みを抑え、夜景の美しさを際立たせている。

なぜ暗い色を選ぶのか？
白色は光を80％も"反射"するので明るく見え、
黒色は光を95％も"吸収"するので暗く見えるからだ。
白色と黒色では、光の反射率が16倍も違う。5％しか光を反射しない黒系の色を内装の基調とすれば、空間は暗くなるが、美しい夜景を提供できる。

P69は、照明と内装色を同時に考えて、内と外がつながる景色を演出した例。大きな窓と向かい合う壁にはキッチン収納があり、扉を濃色に選定。ダーク色が光を吸収し、作業照度を残しながら映り込みを抑えた。

照明・インテリア・エクステリアを連動して考えると、夜の住空間はより質の高いものになる。

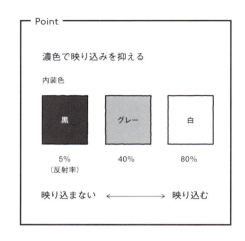

✕ 白色の内装

白い壁面を間接照明で照らした場合、照らされた壁面がガラス面に映り込み、外の景色が見えづらくなってしまう

◯ 濃色の内装

濃色の壁面を間接照明で照らした場合、照らされた壁面の映り込みは抑えられ、ライトアップされた外の景色が見えている

○ グレーの内装

中庭に向かって大きな開口（窓）のあるLDK。
屋内から中庭の景色を楽しめるよう、部屋の
内装材、家具のすべてを濃色のグレー系で統一し、
空間全体の反射率を落としている。特に窓と
対面する収納扉の色には細心の注意が必要

映り込みを消すならグレアレス

夜景が美しい店でよく使用されている照明器具のなかに、"グレアレスダウンライト"というものがある。
「グレア＝まぶしさ」「レス＝ない」。
まぶしさと映り込みを抑えた、ダウンライトである。

最近では、住宅の照明にもこの器具が転用されている。
住宅性能の向上によって、天井高いっぱいの窓が増えてきたためだ。
通常のダウンライトを使用した場合、夜は映り込みの現象によって、そのままダウンライトが窓に映り込む。10台使用していたとすれば、夜には20台に増殖して見える。

一方、グレアレスダウンライトは、窓ガラスに映り込むことはほとんどない。鏡面仕上げの反射板は光が残りにくく、夜のガラスに溶け込んでくれる。

夜の景色を楽しみたいならば、"グレアレスダウンライト"を使ってみよう。

普通のダウンライト

 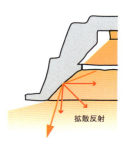

白色塗装のダウンライトは反射板表面で光が拡散するため、発光して見える。明るく感じる反面、窓に映り込みが発生する

グレアレスダウンライト

 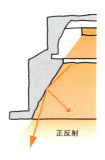

鏡面仕上げのグレアレスダウンライトは反射率が高く、反射する光が表面で拡散しないため、消灯したような見え方で、まぶしさと映り込みを抑える

グレアレスダウンライトを使用したリビング。窓への映り込みがなく、ライトアップされた庭が美しく見える

[写真：平林克己]

映り込み　　Reflection

【映り込みが発生するダウンライト】

普通のダウンライト
（白反射板）

埋め込み穴＝φ75　定格光束＝360lm
配光角度＝60°

― Point ―
白い反射板は光を反射するので、過剰な映り込みが発生し、広範囲に光が広がるので、空間までもが映り込む

映り込み	まぶしさ	明るさ感
×	×	○

グレアレスダウンライト
（白反射板）

埋め込み穴＝φ75　定格光束＝300lm
配光角度＝25°

― Point ―
白い反射板のグレアレスダウンライトは器具が映り込む。ただし、光の広がりが抑えられているので、空間は映り込みにくい

映り込み	まぶしさ	明るさ感
×	△	△

【映り込みが発生しないダウンライト】

グレアレスダウンライト
（鏡面反射板）

埋め込み穴＝φ75　定格光束＝300lm
配光角度＝25°

Point
鏡面の反射板は、器具に光を残さないので、映り込みとまぶしさが抑えられる

映り込み	まぶしさ	明るさ感
○	○	△

グレアレスダウンライト
（黒反射板）

埋め込み穴＝φ75　定格光束＝300lm
配光角度＝25°

Point
黒い反射板は光を受けにくいので、映り込みとまぶしさが抑えられる

映り込み	まぶしさ	明るさ感
○	○	△

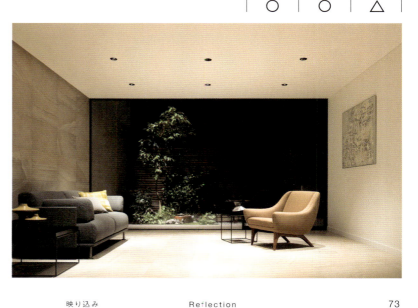

映り込み　Reflection

ペンダントの映り込みはランプシェードで消す

ペンダント選びはインテリアコーディネートと、照明計画の中間に位置する。
ペンダントの明かりを操るのが"ランプシェード"。ランプや電灯の笠のことで、素材やデザインにより拡散光や直接光など、さまざまな光が得られる。素材の質感や大きさによって空間に調和させていく。

具体的に、建築空間の調和を重視して、ペンダントを選んでみよう。大きな窓がある場合、光が透過する布やガラスなどの"ランプシェード"は、自らが発光するため、映り込みが起こる。"ランプシェード"を不透過の素材やダーク色のものなど、映り込みにも配慮した器具を選定し、建築との一体化を目指そう。

ただし、ペンダントの映り込みがすべて悪いわけではない。デザイン性の高い器具であれば、あえて窓に映り込ませることもある。しかし、外の景色を見せたいときには、光る"ランプシェード"は夜の景色を邪魔する原因になってしまう。

インテリアの調和として"かわいい"もしくは"かっこいい"ペンダントを選んでもよいのだが同時に、建築空間の調和として最適な"光り方"や"照らし方"を考えてもらいたい。

全般拡散光タイプのペンダントは窓への映り込みが発生してしまう

[写真：冨田英次]

下面配光の小型ペンダントは灯具が発光しないので、窓への映り込みは生じない

適度な映り込みと庭の景色が融合し、美しい食卓となる

映り込み　　Reflection

コーニス照明は窓と直角に

間接照明の手法に壁面を柔らかな光で照らすコーニス照明がある。天井面などに隠した光源からの間接光を壁面全体に廻す。ほかの間接照明に比べて、視線の先をより明るくできるのが特徴である。

ただし、コーニス照明の設置位置には注意を払おう。壁面を明るく照らすコーニス照明は、窓に映り込みが発生しやすいからだ。

コーニス照明を窓と平行(対面)に仕込むと、ライトアップされた壁全面が向かい合った窓に映り込み、一瞬にして外の景色が見えなくなる。

一方、コーニス照明を窓と直角の面に仕込んだ場合は、照らされた壁面と連なるように映り込みが発生する。ただし、これは悪い映り込みとは言い切れない。空間が2倍に伸びたように見えるので、奥行き感の演出として使える。

さらに、照らす面を濃色にすれば、映り込みが抑えられ、庭の景色を取り込めれば、外の景色とつながり、空間に奥行きが生まれる。

△ 窓と間接照明が平行

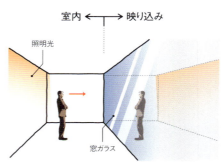

窓ガラスと対面する壁を照らすと、壁面全体が過剰に映り込む

○ 窓と間接照明が直角

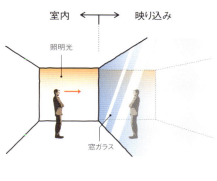

窓ガラスと垂直方向の壁を照らすと、
壁が外に伸びるように映り込む

映り込み　　Reflection

コーブ照明と映り込み

天井面を照らす間接照明のことを"コーブ照明"という。照らされる天井面よりも低い位置に照明を配置するため、窓と平行、すなわち対面から光が出るようにすると、コーブ照明から上の天井面と光のラインが映り込んでしまう。

この映り込みを避ける方法は、窓の上から対面の壁へ光が出るようにするとよい。窓上に位置する天井面は、光が直接当たらず"陰"の状態。映り込みは抑えられる。"陰"の天井面への出幅が長いほど、窓上部の映り込みが抑えられることになる。

ただし、窓の対面にある壁側へ光が出ているため、窓への映り込みを完全に避けることはできない。調光器の併用で光の量を減らす、壁の色を暗くして光の反射を抑える、など他の方法との合わせ技で映り込み対策を講じる必要がある。

窓際の天井面にあえて"陰"をつくる。これが、窓の映り込みにも配慮した"コーブ照明"の考え方である。

△ 窓と向き合うコーブ照明

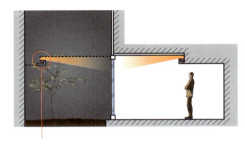

間接照明の光源付近が
過剰な映り込みを発生させる

天井を照らすコーブ照明は、窓と対面する壁に設けると、窓に光のラインが映り込んでしまう

○ 窓際のコーブ照明

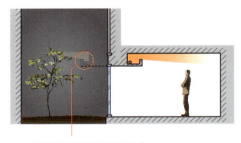

間接照明の光源付近が映り込まず、
窓越しの庭が美しく見える

窓側に間接照明ボックスを設けて、室内側へ光を拡散させることで、映り込みは軽減される

コーブ照明を窓際に設けた、下がり天井に仕込んだ例。光は室内側に拡散するので、映り込みが起きない

窓と反対側の壁にコーブ照明を仕込むと、光のラインが映り込み、窓越しの庭が見えづらい

コーブ照明の位置を窓際に移動すると、映り込みが起きないので、ライトアップされた庭が美しく見える

目線を誘導。

住宅の窓はどんどん大きくなっている。
天井高いっぱいの大きな窓は、照明計画が特に難しい。
明るさだけを求めてしまうと、照明器具やレンジフード、
エアコンなど、さまざまな設備が窓に映り込んでくるからだ。

一般的な照明計画は、部屋全体の明るさを確保するため、
照明器具が天井付近に設置される。そのため、映り込みも
必然的に窓の上部に発生してしまう。

映り込みを消す方法として有効なのが上下に開閉可動する
ロールスクリーン。一時的に不要な映り込みを隠すことが
できる。

窓が大きいほど、映り込みの制御は難しい。雑多なものが
映り込むほど、大きな窓の魅力は失われる。上部を隠して
美しく景色を切り取り、目線を下に誘導する。

考え抜かれた小窓も実に魅力的である。P81のような地窓
から見える光の庭も趣深い。

室内から天井高いっぱいの窓の外を見る。ペンダントの光によって、室内が映り込み、外の樹木が見えにくい

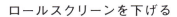

ロールスクリーンを下げる

ロールスクリーンをペンダント下の高さまで下げると、天井面とペンダントの映り込みが消える。調光器で明るさを落とすと、外の樹木がはっきり認識できる

地窓と地明かりで
生まれる奥行き感

大きな垂壁によって生まれた地窓越しに坪庭を眺められる飲食店の個室。庭は外壁に設置されたスポットライトでライトアップしており、地明かりが十分確保できている。内と外がつながり、空間に奥行き感が生まれている

[写真：杉野圭]

内と外をつなぐ美しい映り込み

ライトアップされた庭の景色を楽しむうえで、映り込みは邪魔な存在となることが多い。しかし、映り込み自身が常に景色を害する存在かといえば、そんなことはない。

例えば"合わせ鏡"。鏡と鏡を対面に配置すると、鏡のなかに鏡が映り、そのなかにまた鏡が映る。この繰り返しで鏡のなかに映った像は、途方もない広がりを見せることになる。夜の窓に応用すれば、空間がどこまでも広がっているかのような錯覚を引き起こす、映り込みの連鎖を演出できるはずだ。

内装色と映り込みの関係を活かし、映り込みをコントロールする方法もある。
「明るい色は映り込み、暗い色は映り込まない」。この原理を活かせば、驚きと感動を生むことができるだろう。

P82-83はコーニス照明を設置した壁の上部のみ、ダーク色を採用することで、闇に溶け込ませ、間接光で照射した壁だけを映り込ませた例。ライトアップされた樹木と干渉することなく、映り込みにより内と外をつなげ、空間に奥行きをもたせている。

P84-85は、手摺のガラスパネルと窓との間にペンダントを配置した例。"合わせ鏡"の効果で、何十台ものペンダントがあるかのように見える。

映り込みをコントロールする

壁面の仕上げを変えることで映り込みをコントロール。意図した映り込みは美しい景色を生み出す

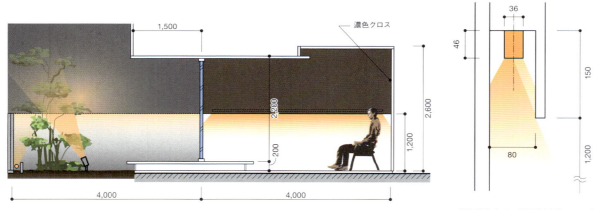

断面図［S＝1:80］　　　　　　　　　　　　　　　　　間接照明ボックス断面詳細図［S＝1:6］

コーニス照明により、板張りで仕上げた壁のみを意図的に窓ガラスに映り込ませ、庭のつながりと、空間の奥行きをもたせた。壁の上部は映り込みを抑えるため、濃色のクロス仕上げ。コーニス照明の取り付け高さを、着座時の目線を考慮して設定。光源が目に入らないように幕板の長さは150mmに設定している

映り込み　　Reflection

ペンダントの幻想的な映り込み

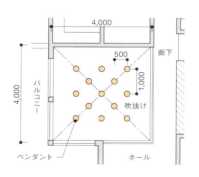

平面図[S=1:150]

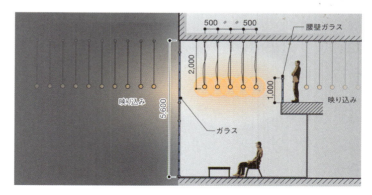

断面図[S=1:150]

1階・2階に大きな窓を確保した吹抜けに1,000mm／500mmピッチでペンダントを千鳥状に配置。天井からの吊り高さは全長約2,000mmで、2階にあるガラス腰壁（高さ1,000mm）の中心高さに合わせている。夜は窓ガラスとガラス腰壁がいずれも鏡となるので、"合わせ鏡"の状態がつくりだせる。"合わせ鏡"の間に挟まれたペンダントは、窓・ガラス腰壁に対して連続して映り込み、昼は13台のペンダントが、夜は何十台・何百台に見えることで、幻想的な夜景が生まれる

映り込み　　Reflection

上／1階土間から庭を見る。室内は室外よりも明るさを落とし、美しい庭へと自然に視線が導かれるようにした。2階からのスポットライトによる光で樹木を浮かび上がらせ、地明かりを確保している　下／軒先（鼻隠し）に取り付けたスポットライトは、バルコニー（アウトドアリビング）の作業照度を兼ねる。外飯を楽しむ場合は上からの光が欠かせない。スポットライトの下端と軒天井の下端をそろえ、光源がリビングから見えないよう、取り付け位置に配慮した

2階の大きな窓から見えるのは、バルコニーと庭木と竹林。鼻隠しに隠すように取り付けられたスポットライトで、バルコニーと庭を同時に照らしている。高所からの光は、庭木だけでなくテーブルと椅子、ウッドデッキを捉え、中間領域の存在を高めている。奥に見える竹林は、竹の繊細な幹と葉を強調するように広角のアッパーライトで闇に浮かび上がらせた。上からの光と、下からの光の組み合わせが、美しい夜景と居心地を導き出す。

上からの明かりで庭とバルコニーを照らす

暗くすると見える美しい秋の庭

色鮮やかなモミジが映える広大な庭のゲストハウス。高所からのスポット ライトによる光で、真紅に染まった葉に光を照射し、庭の景色を闇に浮か び上がらせた。その美しさを室内から眺めるため、部屋の明るさを落とす。 すると、窓は巨大なスクリーンとなり、真っ暗な映画館で美しい映像を 眺めているような感覚を呼び覚ましてくれる。紅葉の葉が受けた光が、 上質な羽目板で仕上げた天井に柔らかく反射する様子も印象的。

1階のパーティールームからライトアップされた庭を見る。室内はグレアレスダウンライトで明るさを抑えている。中間領域となる深い軒も同質の光でそろえ、遠景となる主庭の景色を引き立てている

スポットライトは2階の窓上に設置し、サーチライトのように庭を照らす。紅葉したモミジの葉を浮かび上がらせつつ、葉の隙間から降り注ぐ光が、苔を照らし、地明かりをつくりだす

スパイク式のスポットライトで照らしだした木立を、水面に映り込ませる。水鏡に映る庭の景色は、非日常的な情景を生み出している

奥の竹をアッパーライトで照らし、アプローチの道しるべをつくる。歩行の安全性を確保するため、スポットライトで石段に地明かりをつくる。光と影のコントラストが和の美を表現する

ライトアップされた木立に包まれる車寄せ。軒先からのグレアレスダウンライトで地明かりを確保している。車寄せ中央のモミジは、きれいに透かし剪定が施されており、少ない光量のスポットライトでも、樹木全体に光が廻り込んでいる

91

夜の現場に答えがある

「住宅の照明計画がうまくなる方法は？」とよく質問を受ける。私はいつも「どんなに仕事が忙しくても、夜の現場に足を運ぶこと」と答える。これは師である高木英敏（大光電機）から教わった。

夜の現場に行けば、図面上では絶対に分からない照明計画の失敗・成功が見つかる。残念ながら、昼間の現場、事務所のデスク、かっこいい竣工写真に、夜の明かりの本質は見つからない。夜の現場を見ていない者どうしが集まり、長時間打ち合わせを重ねても、最適な明かりの答えは出てこない。

"明るさ"に明確な基準はない。老若男女、"明るさ"の感じ方は千差万別。住まい手と打ち合わせで明るさを共有するのも容易ではない。同じ場所でも時間帯や天候で明るさと暗さの感じ方は激変する。

だからこそ主観的であっても、自分自身で見て感じた明るさの物差しが必要になる。その精度を高めるには、夜の現場を数多く経験し、そこで見た明かりの真実を知ることが大事。それによって照明計画に説得力が生まれ、住まい手からの信頼も得られる。

夜の現場を数多く経験していないと、許容できる暗さを想像できないから不安が生まれる。"明るさは善"という名のもと、保険としての照明器具が増えていく。

数千万円の建物に、3千円のダウンライトを1台追加するのは容易なのかもしれない。

ただし、過剰に増えたダウンライトは、シンプルさからかけ離れた不要な照明器具だらけの空間へ変貌する。照明器具メーカーの人間としては、売上増につながるのでよいことかもしれないが、提案者としては、照明器具と光量は必要最小限に抑え、建築の邪魔をしたくない。

そこに照明器具は必要だったのか？ 夜の静まった現場で、明かりを点灯・消灯し、床・壁・天井に反射する光の広がりを確認する。
これを繰り返すことで、見えなかった住まいの明かりの本質が見えてくる。

忙しいなかわざわざ足を運ぶ、遠回りの行動が、照明計画が上達する近道なのかもしれない。
夜の現場に"答え"があるのだから。

[写真：冨田英次]

4

居室
Room

壁が明るさ感を支配する

一般的に住宅の照明計画は平面図を用いて考えられる。空間を俯瞰して床面を見ている状態の図面である。しかし、実際の空間では、俯瞰して見ていた床面ではなく、目線の高さを中心とした壁が見えることになる。

照明計画において壁は重要な役割を果たす。目線の先にある壁を明るくすることで人はその空間を明るいと感じる。目線の先の壁面が"見た目の明るさ"を決めるといっても過言ではない。

ただし、壁の明るさだけを追い求めてしまうと、明るくて汚い空間になるおそれもあるので注意したい。壁には窓や扉などの建具が存在するだけでなく、エアコンやスイッチプレート、インターホンのモニターなど、さまざまな設備機器がところ狭しと設置されている。それらを無意味に照らしても、決して美しい空間にはならない。

"見た目の明るさ"を演出するうえで大切なことは、平面図から空間を立体として読み取り、人の目線の先にある壁面の状況を把握することから始まる。建築、インテリア、照明という3つの観点から空間全体を俯瞰した眼で捉え、壁を考えなくてはならない。
壁が明るさ感を支配するのだから。

平面図で見ているのは"床"。壁は"線"になる

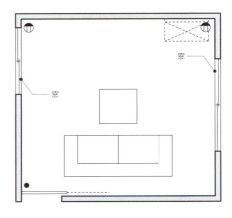

空間を平面図として俯瞰すると、壁も窓も"線"として認識される。設備は存在感の小さい波線や丸で表現される

実際の空間で見ているのは"壁"

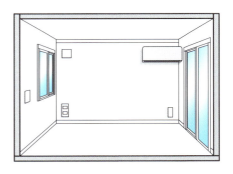

実際の空間に入ると、平面図上の"線"は"面"に変わり、視覚に入る面積も大きくなる。存在感の小さかった設備も突如として姿を現す

エアコンや建具にダウンライトの光が当たる失敗例。空間を立体的に捉えて配置を検討すれば、このような失敗を避けられる

壁全体を照らすことで、空間全体が明るい印象になる。壁に余計な設備がないので、美しい壁面の間接照明が完成する

間接照明を消灯しダウンライトのみ点灯させた状態。壁の明るさが失われると、明るさ感は劇的に変わってしまう

居室　　Room

"集中配灯"と"分散配灯"

住宅の照明器具で多用されるダウンライト。器具の存在を感じさせず、空間をすっきりとシンプルな印象にしてくれる。しかし、LDKなどの大きな空間を十分に明るくしようとすると、非常に多くのダウンライトが必要となり、天井を煩雑な印象にしかねない。

複数のダウンライトをいかに配置し、空間を美しく見せるか、が照明計画の腕の見せどころ。平面図上で無造作に配灯すると、「リビングの照明、ダイニングの照明、シンクの照明」「ここが暗い、あそこが暗い」など近視眼的な考えとなり、明るいだけで秩序のないバラバラな空間が生まれてしまう。

一般的な拡散光タイプのダウンライトでは、複数のダウンライトをまとめて1つの集合体をつくり空間に配置していく"集中配灯"がお薦め。集合体となったダウンライトを天井面に適度な余白をつくりながら配置することで、天井が整理され、秩序だった美しい空間が生まれる。

器具の存在感を抑えたグレアレスダウンライトは集中させずに"分散配灯"にするのがよい。壁や天井の明るさを抑え床に光が集中するので、空間にほどよい陰影を与える。
必要な光をイメージし整理整頓されたダウンライトの配置は、シンプルで美しい空間をつくり出す。

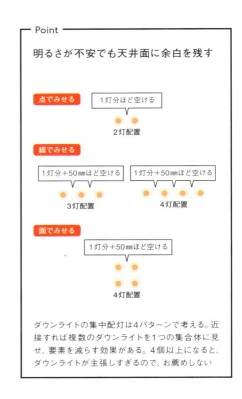

ダウンライトの集中配灯は4パターンで考える。近接すれば複数のダウンライトを1つの集合体に見せ、要素を減らす効果がある。4個以上になると、ダウンライトが主張しすぎるので、お薦めしない

一般的な拡散光タイプのダウンライトを分散配灯した例。家具および平面図の情報に引っ張られているため、器具の間隔に規則性がなく、ダウンライトがうるさく感じられてしまう。壁に近すぎるダウンライトもあるため、吊り戸棚や壁が不必要にライトアップされている

一般的な拡散光タイプのダウンライトを集中配置した例。レンジフードやダイニングテーブル、ソファなどの位置を考慮しながら、等間隔で集合体となったダウンライトを配置しており、天井に余白を残している。必要な作業照度を確保しながら、天井はすっきりしている

[写真：冨田英次]

グレアレスダウンライトを使用した分散配灯の例。器具自体の点灯感を感じにくいので、分散配灯を行っても天井が照明器具だらけの印象にならない

居室　　Room

スリット照明という機能美

スリットとは切れ目や隙間のこと。照明計画におけるスリットの利点は、複数の点在するダウンライトを1つの"線"として建築に溶け込ませられること。設備機器によって発生する乱雑とした天井面を整理する。

天井を掘り込むスリットでは、掘り込む深さによりその効果が変化する。掘り込みが深ければ、器具の存在がスリット内に隠れ目立たなくなる反面、光の広がりがスリットによって制御される。特に、スリット内の側面にかかる光は、配光を主張してしまうだけでなく、窓への映り込みにつながる場合があるので注意しよう。

逆に掘り込みが浅ければ、器具の存在はあまり隠せないが、スリット内の側面に光がかかりにくいので映り込みも抑えられる。この場合は、まぶしさと存在感が抑えられるグレアレスダウンライトを使用するとよい。

スリットは見る方向を変えると、なかが丸見えとなってしまう。スリットは掘り込みの深さ、人が見る位置によって、メリットにもデメリットにもなりうる。
これは、建築的にも照明的にも重要なポイントである。

グレアレスダウンライトのスリット照明

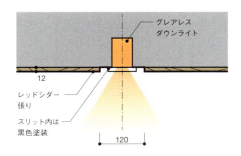

断面図[S＝1：10]

まぶしさを抑えたグレアレスダウンライトの特徴を生かして、スリットの掘り込み深さを12mm程度に抑えている。スリット内面にかかる光の発生も防止

ダウンライトのスリット照明

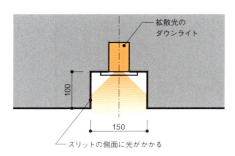

断面図[S＝1：10]

スリットの掘り込みを深くすることで、器具の存在を弱め、天井を見上げたときの違和感をなくしている。器具は見えにくいが、側面に光がかかるのが懸念事項

― Point ―

Ⓐスリット内は見えにくい

Ⓑスリット内が丸見え

スリットは見る方向を変えると、なかが丸見えとなるので注意が必要

スリットを黒色で仕上げることで、板張りの天井に自然に溶け込ませるとともに、スリットが窓への映り込みを防いでいる

床の高さが異なるスキップフロアの天井に、配光角度の異なる2種類のダウンライトを使用し床面の明るさをそろえている。ダイニングキッチン、吹き抜けのリビングともに、ダウンライトをスリット内に収めているので、見た目の異なる器具でも天井の意匠が統一できている

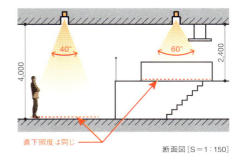

断面図［S＝1：150］

居室　　Room　　101

暗さを肯定するグレアレスダウンライト

一般的なダウンライトは空間全体の明るさを確保するため、光の広がり（配光角度）が広く、壁面にも光が届きやすいように設計されている。

発光面も浅く、天井面より少し上がった高さに位置するため、離れた場所からでも見えやすい。さらに、光を効果的に広げるべく反射板の部分は基本的には白色で仕上げられており、器具自体の見た目も明るい。

グレアレスダウンライトは正反対の性質をもつ。発光面が深く設定され、反射板は鏡面仕上げ。
その名の通り、まぶしさが抑えられる反面、"暗い"と捉えられかねない。光の広がり（配光角度）は狭くて、下面に光が集中し、陰影のある空間が演出できる。一方、壁に光が届きにくいので、空間全体の明るさ感が不足する。

一般的なダウンライトとグレアレスダウンライト。
この2つは基本的な性能が異なるため、一概に比較できるものではない。明るい空間にするのか、陰影を感じる引き締まった空間にするのか。
2枚の写真を見比べたうえで判断するのがよい。

グレアレス ダウンライト

壁に光が届かず、空間全体の明るさ感は不足している。一方、まぶしさは感じず、器具の存在感も小さい。明るさと暗さがほどよく共存している

拡散光タイプの ダウンライト

壁に光がしっかり当たっているので、空間全体の明るさ感は十分。ただし、光源が目に入るとまぶしく、器具の存在感も大きい

Point

グレアレスダウンライトは諸刃の剣

メリット	⇔	デメリット
まぶしがない 器具の存在感がない 集光した光		器具の見た目が暗い 周囲へ光が広がらない

均一な明るさを求める人にグレアレスダウンライトは不向き。グレアレスダウンライトとは、あくまでも"心地よい暗さ"と"居心地のよさ"を提案する器具。暗さを肯定することが前提条件となる

[写真:冨田英次]

居室　　Room

グレアレスも視線から外す

まぶしさを抑えるグレアレスダウンライトといえども、直接発光部が目線に入るとまぶしさを感じる。
天井に取り付けられたダウンライトを直接見上げる場所といえば寝室。枕の上にダウンライトを配置してしまうと、発光部が直接目線に入るのでまぶしく感じる。
これを避けるには、ベッドの足元付近に設置するのがよい。まぶしさを防ぐだけでなく、空間に奥行きと雰囲気を演出できる。ホテルの客室でよく用いられる手法だ。

グレアレスダウンライトの効果的な使い方は他にもある。P105はリビングの主役であるソファをユニバーサルタイプのグレアレスダウンライトで演出した例。
ソファを演出するときは、角を当てるのがポイント。アームにしっかり光が当たり、輪郭が浮かび上がっている。その陰影が、インテリアの美しさを引き立てている。

ソファより外側に器具を分散配灯することで、ソファに座ってもダウンライトが目線に入りづらく、まぶしさが抑えられる。家具を引き立てながら、居心地のよさをもたらしている。
せっかくのグレアレスダウンライト。設置位置も工夫して、その効果を最大限に引き出そう。

ベッドの足元付近にグレアレスダウンライトを設置することで不快なまぶしさを防いでいる。枕元に設置した間接照明と光が干渉しないようにした

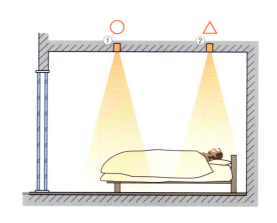

①ベッドの足元に配置することで直視を避けられる。ただし、読書などを想定した場合は、スタンド照明などを別途検討する必要がある
②発光部を直視する位置に設置するとまぶしさを感じる

Point

反射板の仕上げにこだわる

鏡面反射板　　　白反射板（グレアレス）

グレアレスダウンライトにもいくつかの種類がある。白反射板では光の拡散が発生するため、まぶしさを抑えるのであれば鏡面反射板がお薦め

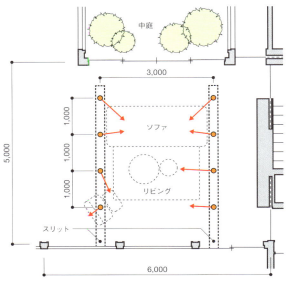

スリットを設けたグレアレスダウンライトの配灯図。スリットの間隔はPC＝3,000mm。集光した光で家具を照射している。ソファは角を狙うことで、輪郭を浮かび上がらせ、陰影で立体感を演出している。グレアレスダウンライトの反射板は黒。映り込みはなく、夜の庭も美しい

平面図［S＝1：100］

居室　　　Room

玄関はシンプルに美しく

玄関はシンプルに。何もしない提案も、美しい照明計画の秘訣である。

日本の一般的な4LDKの住宅では玄関の面積は3畳くらい。玄関収納が設けられると、残りはわずか2畳ほど。
壁には、靴脱ぎ用の手摺・スイッチプレート・窓・建具が取り付けられ、光で演出できる壁はほとんど残らない。

下駄箱に仕込んだ足元間接。竣工時は美しくても数か月後照らしているのは、土間のタイルではなく、汚れた靴かもしれない。

一般的な玄関は、100Wのダウンライト1灯で明るさをまかなえる。天井の真ん中に1灯配置すれば、余計なモノを照らす心配もない。収納や設備が整理され、きれいな天井や壁が残れば、間接照明やブラケットによる演出照明が可能となる。

"家の顔"である玄関を、照明で厚化粧する必要はない。
私は薄化粧の玄関照明を心がけている。

100Wタイプのダウンライトを使用した玄関の例。壁面にも光が廻り、1灯でも明るい印象となっている

平面図では、どうしてもスイッチプレートや手摺が存在感のない"点"で表記される。それを見落とすと、美しくない壁にブラケットを配置し、設備や手摺を照らすことになってしまう

正面突き当たりの壁に間接照明を設置。柔らかな光で空間全体を照らしながら、奥へと自然に誘うような効果を演出

側面のきれいな壁面に間接照明を設置。窓への映り込みを活用して、空間に奥行き感を演出

居室　　　Room

たかが廊下。されど廊下。

住宅の照明計画は、廊下もダウンライトが基本。
ほかの空間同様、平面図上で均等な配灯をしてしまっては、
空間は美しくなりづらい。

廊下は幅が狭く壁に囲まれている。そのため、壁には必ず
光がかかり、建具を中途半端に照らしてしまう。壁、建具、光
の関係を整理しながらダウンライトを配置する必要がある。

明るさにも注意。通常の空間と同じような感覚で照明計画
を行ってしまうと、必ず明るくなりすぎてしまう。廊下が明
るすぎると、その先にある空間（居室）に入ったとき、暗さを
感じやすい。移動空間の照明としてはあまりよくない。

毎日歩く廊下に、必要以上に明るさを求める必要はない。
必要最低限の明るさを意識するなら、廊下を歩くときに必要
なのは視線の先の明るさで十分。生活になれると多くの人は
廊下の床を見ずに、進行方向の壁を見ているのだから。

たかが廊下。されど廊下。
ダウンライト1灯でも、真剣にその位置を考えよう。

中途半端に扉などを照らしてしまうと、空間は美しくならない

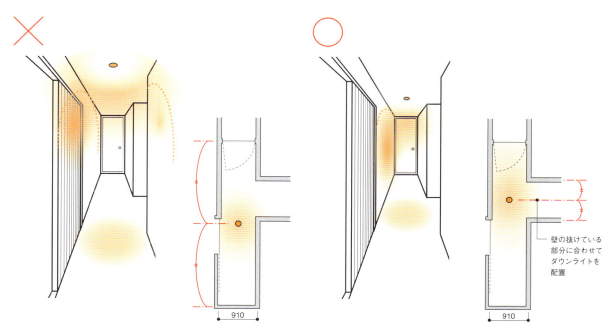

左／平面図で考えて、廊下の中央にダウンライトを配置しようとすると、壁や建具を中途半端に照らしかねない。建築と光がずれた印象を与えてしまう
右／壁の状態に合わせてダウンライトの配置を変えると、建築と光が整理された印象になる

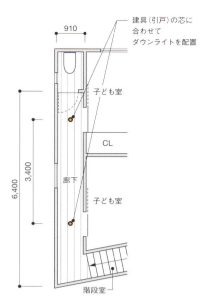

平面図[S=1:120]

グレアレスダウンライトを設置した廊下。幅の狭い廊下では、配光角度の狭いグレアレスダウンライトの光でも十分壁面に光が届く。床面の明るさは均一ではないが、夜間の歩行に支障はきたさない

平面図[S=1:120]

ダウンライトを正面から見えない位置に設置。廊下の奥からこぼれる光の質はまさに間接照明。視線の先が明るいから歩いていける

居室　　Room　　109

階段は光がタテに抜ける場所へ

住宅の階段照明では、「上り口と下り口に照明器具を設置しましょう」という考え方がある。何十年も前から言われているルールだ。

しかし、一般住宅の廻り階段の壁には"手摺・窓・スイッチ"などが密集し、ブラケット照明を美しく取り付ける余白など、ほとんど残されていない。
美しくない壁に対しては、天井に取り付けるダウンライトのほうがうまく収まり、明るさの失敗も少ない。

ダウンライトの設置で大切なのは、階段の吹抜けに対して、
・光がタテに抜ける場所に照明器具を設置すること
・2階の天井からの光が1階の踏面1段目へ届くこと

階段照明の多くは、階段の笠木上に設置している。2階からの光でも1段目の踏面を認識できるうえ、同時に2階廊下の明るさもまかなえる。

ブラケットの場合は、2階の壁面にまとめて設置するとよい。ブラケット自体の見た目の明るさと、壁からの反射光が階段全体へと廻る。さらに、高所だと昇り降りの邪魔にならず、手摺や窓とも干渉しづらい。階段照明が"2階のみ"では、平面図で不安な照明計画のように思われるかもしれないが、P111の写真を確認してほしい。

昼間に太陽の光が降り注ぐ"とても明るい階段"で足をとられる人もいる。それは不注意によってである。
"明るさ"と"不注意"を混同してはいけない。

廻り階段の踊り場の壁面にブラケットを設置した例。窓や幅木、手摺などの要素が多い。ブラケットの取り付け高さがばらつくと、壁が雑然とした印象になる

2階の壁上部にブラケットをまとめて設置した例。手摺との干渉を避けるだけでなく、階段の昇降時に邪魔にもならない

2階の階段腰壁から手が届く場所に設置することで、ランプ交換やメンテナンスも楽に行える

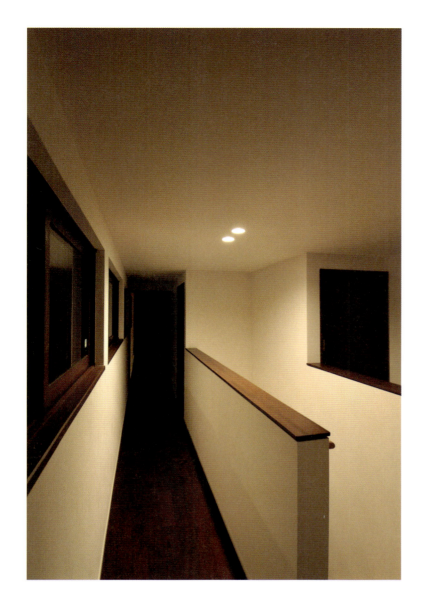

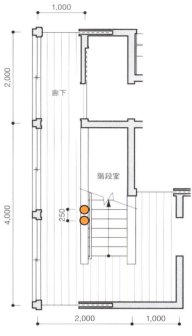

平面図 [S=1:80]

2階笠木の真上に拡散配光（60°）の ダウンライト（100W）を2灯集中配置 した例。2灯のダウンライトで階段室 と廊下の明るさをまかなっている。た だし、2階天井から1階床面にまで光 が届くかを検証しておく必要がある

居室　Room　111

Column

バーで食べる牛丼

牛丼店とバー。
どちらも、カウンター越しで接客するお店。
店主と客が向かい合い、そこで飲食をする。
空間構成は似ているが、照明はどうだろう？

牛丼店は「安い、早い、うまい」が信条。
身体と胃袋が活発になるよう白くて明るい光。
丼ぶりに喰らいつき、10分程で食べ終えてしまう。
胃袋は満たされ元気がでた。

お酒を楽しむバー。
牛丼3杯ほどの値段のウイスキーを片手に、
ときを忘れて呑み、大事な人と語り合う。
他人との距離を適度に遮断するために、照明は暗くする。
暗さと影が仕切りとなり、居場所と居心地をつくる。
気が付けばもう終電。

空間構成は同じでも、照明とインテリアが変われば、
その行為や時間の流れは大きく変わる。

住まいの食卓は、胃袋も居心地も満たしてあげたい。
明かりを落としたダイニングテーブルで食べる牛丼。
私の好物である。

5

間接照明
Indirect Lighting

"幕板の高さ"と"開口寸法"

空間をシンプル（簡素）に仕上げたい場合、照明器具の存在はできるだけ少なく、目立たないようにしたい。

しかし、明るさは必要。このような場合に、間接照明という手法を試みる。天井面を照らす間接照明（コーブ照明）は天井面を光の反射板と見立て、その反射光で空間全体に光を廻す手法。天井面の見た目が明るく、空間全体が柔らかな光に包まれる。

このコーブ照明を成功させるポイントは、"幕板の高さ"と"開口寸法"の2つ。

照明器具を隠すための幕板の高さは、器具高さに"そろえる"のが基本。器具より幕板が高くなるほど光が遮断され、光の伸びが失われる。天井面の一部分のみに明るさが集中してしまい、広く暗い天井との間に「明暗の差」がつきすぎ、その対比によってより暗さを感じてしまう。

次に開口寸法。間接光を遠くに伸ばし、明るさを確保するには開口寸法はできるだけ多く確保したい。天井高と窓や建具との関係を考えても、開口寸法は最低でも150mm以上は確保しよう。

空間のサイズに合わせ、"幕板の高さ"と"開口寸法"がコントロールされた間接照明は、空間をシンプルに美しく演出する。

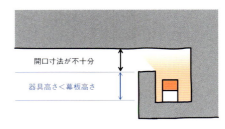

✕ 光が広がらない間接照明

幕板が器具よりも高く、開口寸法が少ない例。
光が途切れ、天井全体に光が伸びず、暗さを感じる

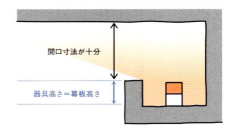

◯ 光が広がる間接照明

幕板と器具の高さが同じで、開口寸法が150mm確保されている例。
間接照明ボックスから放たれる光が天井全体に広がる

[写真：平林克己]

間接照明　　Indirect Lighting　　115

間接照明と建築化照明

間接照明と建築化照明は混同されがちだが、似て非なるものである。

間接照明とは、ランプや照明器具から放射された光の90%以上が天井や壁面を照らし、その反射光で空間を明るくする手法。スタンドライトやスポットライトなどの照明器具でも、光の照射方向によっては間接照明となる。

一方、建築化照明とは、ランプや照明器具自体を建築構造と同化させ、その存在を見えなくし、光だけを照射する方法である。間接照明を建築化する場合、ランプや照明器具を隠したり、光を制御するために幕板を施すことが多いのだが、使用するランプや照明器具によって、幕板の立上りの"高さ"が目立ってしまうケースがある。

そこで、建築構造としてさらに同化させるために、幕板の存在感を極力なくした"納まり"を紹介する。
・幕板自身のディテール（細部）にこだわる
・ランプおよび照明器具の位置を奥に設置する
・発光面の見えづらい幕板付きの照明器具を選択する

この3つの考え方が基本となる。ただし、施工が大変になったり、万が一にもランプや照明器具が見えてしまうおそれがあるなど"デメリット"もあるため十分に注意したい。

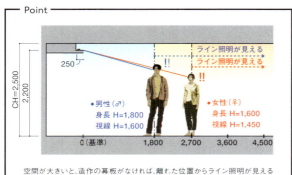

空間が大きいと、造作の幕板がなければ、離れた位置からライン照明が見えるおそれがある。特に男性は身長が高いので器具が目に入りやすい。器具を見せたくないならば、展開図での検証のうえ、幕板を設定する必要がある

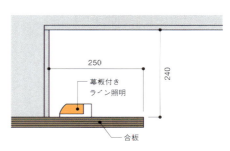

間接照明ボックス断面詳細図［S＝1:10］

上／間接照明において幕板は必要不可欠なものであるが、幕板の視覚的な存在感は空間の印象に大きな影響を与える　下／羽目板張りで仕上げた下がり天井に、幕板付きのライン照明を設置した例。間接照明ボックスの奥行きは250mmで、ライン照明は視線に入りにくく、建築と照明が一体となった"建築化照明"を実現している。開口寸法は240mm確保しており、光も柔らかく天井全体に広がっている

三角形の幕板によるノイズレスなコーブ照明

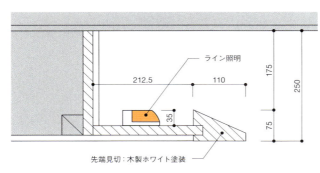

間接照明ボックス断面詳細図 [S=1:8]

窓の高さにそろえて下がり天井を設け、その先端部にコーブ照明を仕込んだ。間接照明ボックスの高さは250mmで、開口寸法は175mm確保。幕板の形状を三角形とし、光の制御板としての機能をもたせつつ、存在を視覚的に消去した

間接照明　　Indirect Lighting

壁を魅せるコーニス照明

壁を照らす間接照明のことをコーニス照明という。視線の集まる壁に施せば、その視界はいつも明るい。

コーニス照明の一番簡単な施工は「底目地」の状態で天井を掘り込み、照明器具を天井面に設置すること。このときの掘り込みの深さによって、器具の見え方と光の広がり方が決まる。この設定を誤ると、器具が丸見えになるほか、側面の壁に明暗の差が生まれてしまう。

掘り込みが横から見えるか否かの確認も重要。横から見える場合は、コーブ照明同様「幕板」を設けて器具を"隠す"必要がある。

コーニス照明には、空間に対する光の重心をコントロールできるという魅力もある。
光源の位置を上げて壁面全体を明るく照らし、空間に広がりを与えたり、光源の位置を下げて光の重心を低くし、落ち着いた雰囲気を演出することが可能。

人は天井よりも壁を見ていることが多いので、コーニス照明は人の心理に与える影響も大きい。
コーニス照明は配慮すべき項目が非常に多い反面、すべての条件をクリアしたときには"魅せる"という言葉にふさわしい美しい壁面が生まれる。

コーニス照明の悪い例。壁掛けエアコンをライトアップし、設備機器の存在感を強調。「どこ照らしとんねん!」と怒りの声が聞こえてくる

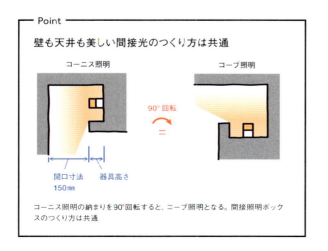

コーニス照明は光源の高さを変えることで空間の雰囲気を演出できる

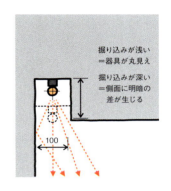

天井を掘り込み、照明器具を天井に設置した例。照明器具に対して掘り込みが深いと側面の壁に明暗の差が生じてしまうので注意が必要

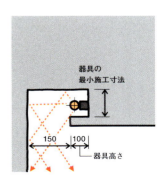

天井を掘り込み、天井板を伸ばすように幕板を設け照明器具を設置した例。掘り込み内で拡散された光が壁面に広がるのでカットオフラインが生じにくい

間接照明　　Indirect Lighting

コーニス照明で光の重心を操る

スキップフロアのLDKにコーニス照明を計画した例。間接照明は1列だが、床の高さが違うので、各部位で光の重心が異なる。ダイニングキッチンに、幕板の高さをFL+1,600mmに設定。立位時の目線の高さに配慮しつつテーブル面の作業照度も確保している。リビングはソファに着座した際にまぶしさを感じないよう、幕板をFL+800mmに設定。低重心のくつろげる光とした

間接照明の納まりは幕板（垂壁）を150mmとし、光源が直接見えないように配慮

間接照明ボックス断面詳細図［S＝1：10］

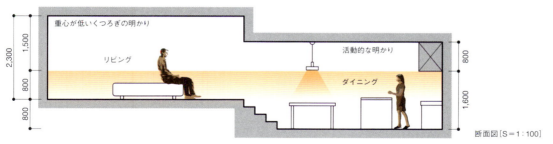

断面図［S＝1：100］

間接照明　　Indirect Lighting

コーニス照明で空間の明かりをまとめる

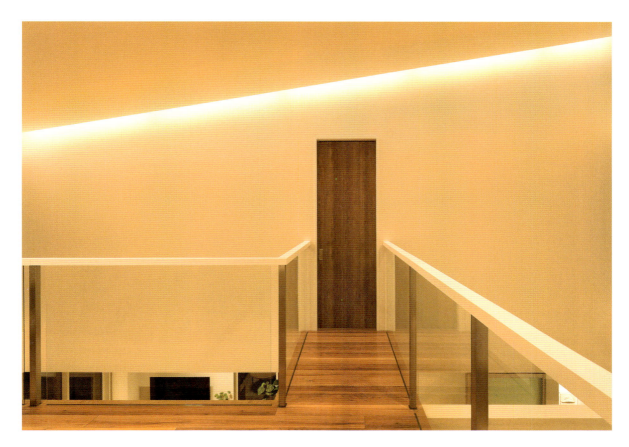

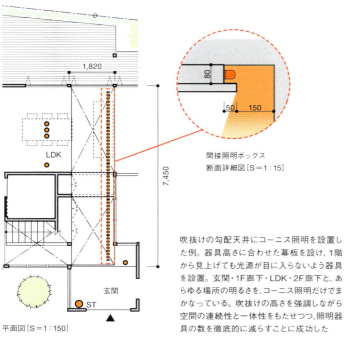

間接照明ボックス
断面詳細図［S＝1：15］

平面図［S＝1：150］

吹抜けの勾配天井にコーニス照明を設置した例。器具高さに合わせた幕板を設け、1階から見上げても光源が目に入らないよう器具を設置。玄関・1F廊下・LDK・2F廊下と、あらゆる場所の明るさを、コーニス照明だけでまかなっている。吹抜けの高さを強調しながら空間の連続性と一体性をもたせつつ、照明器具の数を徹底的に減らすことに成功した

間接照明　Indirect Lighting　121

吹抜け間接照明の光と影

「吹抜けが怖い」という話をよく耳にする。
もちろん照明の計画の話。

天井高が2倍の吹抜けになると、明るさに対する不安も2倍になってしまう。照明にも"高所恐怖症"があるようだ。

2層吹抜けの天井面を、腰壁の上部に設置した間接照明で照らしてみよう。図面の見た目では、照明器具の数が極端に少ない間接照明の計画は、明るさの不安がつきまとうだろう。

しかし、高くて広い天井は、光をいっぱいに受け止める反射板の役割を果たし、1階と2階に柔らかな間接光を届けてくれる。美しい吹き抜けの明かりが生まれるのだ。
天井はそのままの姿が美しい。

だからこそ、照明器具を見せない勇気も必要である。ただし、照明の位置を誤るとその姿は一変してしまう。
腰壁と吹抜けの天井面を同時に照らそうと、間接照明を仕込む。すると、明るくなるだろうと思った腰壁と天井面に"意図せぬ陰影"が現れ、逆に暗さを導いてしまう。

明るさの裏側には、必ず影がつきまとう。
適切な照明の位置を探し、不自然な建築の影を出さない。
この光と影の操作が、吹抜けへの明るさの不安を払拭する手がかりとなる。

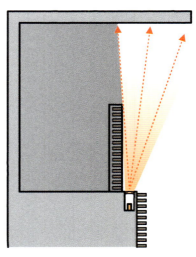

吹抜けの腰壁を間接照明で照らした例。横格子の腰壁自体はきれいにライトアップされているが、2階天井と廊下に美しくない影が発生しており、暗さを助長している

122　　　　　　　　　　　間接照明　　　　　　　Indirect Lighting

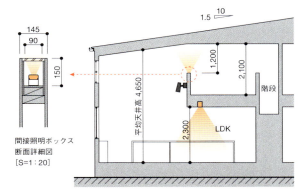

ダイニングから2階を見上げる。2階の天井が間接照明による柔らかな光でライトアップされ、吹抜けの明るさと高さが感じられる

間接照明は笠木の天端に埋め込んでいる。天井とのクリアランスは1,200mm。光が空間全体へ拡散していることが分かる

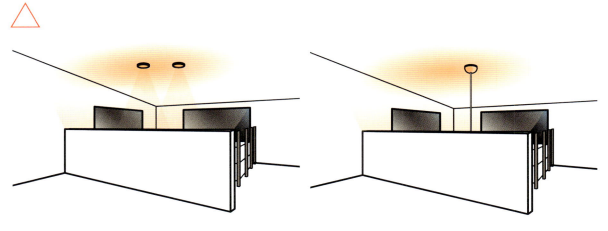

天井面にはダウンライトやペンダントのフランジを設置するのは避けたほうがよい。間接光で照明器具を照らしても美しくはない

間接照明　　　Indirect Lighting　　　123

吹抜けを利用した建築化照明

採光を目的とした細くて長い吹抜け。
天窓から太陽光を取り込み、室内は自然光で満たされる。
夜はどうだろう。吹き抜けから夜の闇が舞い降り、室内の壁面が暗がりとなってしまう。逆転する「昼夜の景色」を想像しておかなければ、採光を確保する場所が、暗さを生みだす場所へと変貌する。

ここでは、昼と同じように、夜の採光を確保するため、吹抜けの構造を活用。視線から隠すようにライン照明を壁へ埋め込んだ。

細くて長い吹抜けは美しい間接照明に姿を変え、舞い降りた闇を消し去っていく。

ライン照明とその光を受けとめる壁面には、適度な距離が保たれており、柔らかな光を室内にとどける。
照明を建築構造と同化させ、光だけを照射する方法。
これを建築化照明と呼ぶ。

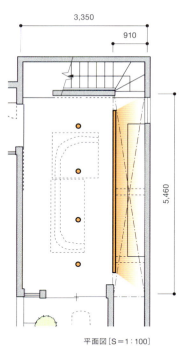

平面図 [S=1:100]

[写真：冨田英次]

小さな吹抜けからの美しい明かりが印象的なリビング。視線の先にある庭も"上から下へ"の光でライトアップされて美しい

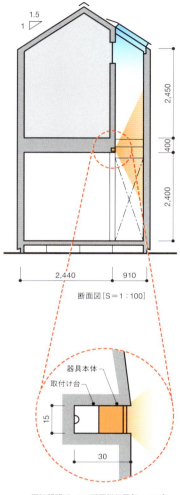

断面図[S＝1：100]

間接照明ボックス断面詳細図[S＝1：2]

吹抜けの間接照明は、光源が見えてもきれいなLEDの粒が見えないライン照明を採用。ベース照明はグレアレスダウンライトを採用し、器具の存在感とまぶしさを抑えている

天窓を設けた細長い吹抜け(幅910㎜)にライン照明を仕込み、天窓を間接照明の間口部として活用。壁面の大部分に光が届くので、夜の明るさ感は申し分ない

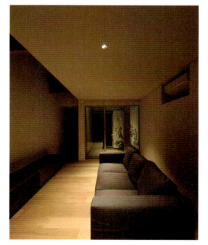

間接照明　　Indirect Lighting

"1室1灯"の建築化照明

構造材がむき出しの切妻天井が印象的な木造住宅。
設計者からの要望は、
「天井に照明器具は入れたくない」
「住まい手に配慮して明るくしてほしい」
「家具レイアウトに左右されない照明計画」の3点。

コンパクトな住宅のため、照明器具を入れる余地はなく、
設計者と試行錯誤を重ねた結果"梁のような照明ボックス"
にたどり着いた。照明計画は以上。

照明ボックスの上下に、空間を横断するように"ライン照明"
を設置。上向きの間接照明が、垂木の構造美を強調し、
下向きの直接照明が、作業の照度を十分確保する。

8畳足らずのダイニングキッチン。
光の重心を上げることで、空間を少しでも高く広く見せた。
"ライン照明"を上下組み合わせて使えば、十分な明るさが
確保され、住まい手の要望も満たしている。

建築に同化した"1室1灯"の建築化照明である。

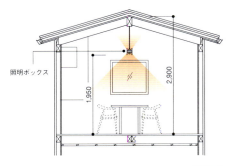

断面図 [S＝1:80]

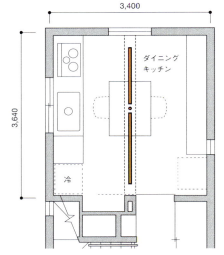

平面図 [S＝1:80]

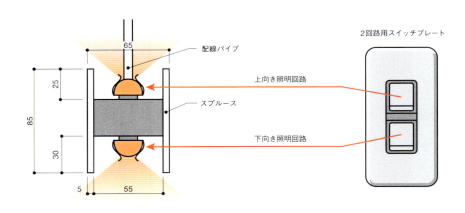

間接照明ボックス断面詳細図 [S＝1:3]

オリジナルペンダントのディテール。
横架材の上下にライン照明を取り付け、
スプルースの幕板で光源を隠している。
上向きの照明回路と下向きの照明回路
を切り分け、3つのシーンが選べる

上部点灯

下部点灯

上下点灯

［写真：冨田英次］

ペンダントの上面と下面を点灯して空間全体をライトアップ。棟木・垂木（登り梁）・野地板が柔らかな光でライトアップ。天井を照らすことで、吹抜けの高さを強調し、空間を広く見せている

間接照明　　Indirect Lighting　　127

薄明かりのリビングに美しい家具が浮かび上がる。住宅では悪とされる暗さと陰が脇役となり、ライトアップしたラウンジチェアやローテーブルを主役に引き立てる。照らし出す照明も脇役となりφ50のグレアレスダウンライトは、器具の存在を忘れてしまうほど小さい。バルコニーも屋外の家具をグレアレスダウンライトでライトアップし、中間領域を形成している。家具に光を与えて、内と外をつなぎリビングに広がりと高級感をつくりだしている。

心地よい暗さにあふれる夜のリビング

上／正面に中庭を望む1階の玄関。庭は3階のバルコニーに設置したスポットライトで光を落として、木漏れ日のような光をつくりだした。庭を背景に室内は集光したグレアレスダウンライトで家具を印象的に演出 下／中庭に挟まれたラウンジ。グリーンに輝くペンダントの明かりと、照らし出された中庭の葉の緑が調和し、色と光で、内と外につながりをもたらす

上／3階のアウトドアリビング。屋外用グレアレスダウンライトの集光した光で、鉢植えと屋外家具をライトアップしている。室内の明るさを抑えているので、アウトドアリビングが窓ガラスに映り込み、外と内の境界を曖昧にしている
下／2階のバルコニーはワイヤーフレームの椅子を集光した光で照らしている。床のタイルに投影された影は椅子の特徴である軽さや細さを的確に表現している。影を肯定的に捉えた中間領域には光と影が織りなす夜の高級感が存在する

プロフィール

花井 架津彦 [はない・かづひこ]

1981年生まれ。2003年大光電機入社、照明設計集団TACT(タクト)に配属。住宅照明を専門として、ハウスメーカー・建築家向けを中心に数々の照明計画を手がける。『荻野寿也の「美しい住まいの緑」85のレシピ』(エクスナレッジ)を執筆した荻野寿也氏の造園演出にも数多く携わる。2018年、"庭の樹太郎"を襲名。全国各地で講演活動を行っている

「美しい住まいのあかり」その集大成がここにある

Team TAKAKI

住宅照明の可能性を追い求める先駆者たち、それが高木英敏率いる "Team TAKAKI" です。13名のデザイナーが経験とノウハウを共有しながらそれぞれ得意分野を磨き、新しいあかりを提案。住宅照明の歴史と未来が、ここにあります。

大阪オフィス
高木英敏

大阪オフィス
家元あき

大阪オフィス
花井架津彦

東京オフィス
今泉卓也

東京オフィス
古川愛子

大阪オフィス
富和聖代

東京オフィス
田中幸枝

大阪オフィス
土井さやか

大阪オフィス
安部 真由美

東京オフィス
山内 栞

東京オフィス
佐藤 遙

東京オフィス
吉川史織

大阪オフィス（広島駐在）
山本樹里

大光電機のイラストレーターとして活躍中！

大阪 TACT
西川 麻衣子

あとがき

「住空間の中で、質の高い照明をお客様にとどけたい」。
このような気持ちで、多くの照明計画に真剣に取り組んでまいりました。
住宅設計者やインテリアコーディネーターの方々と、何度も現場へ足を運び、
実際の光を体験することで、多くのことを学ぶことができました。
「机上論ではない、現場から得た真実の住まいの明かりを伝えたい」。
そんな思いを胸に、今までお仕事でご協力いただいた皆様と共につくりあげた一冊です。

ここで、住宅の外構（造園）やまちなみの重要性を教えてくださり、
この本をつくるきっかけを作ってくださった、川元邦親先生。
私を、家づくりのパートナーとして選んでくださった、
住宅設計者・インテリアコーディネーターの皆様。
この場をおかりして、お礼申し上げます。
また、建築専門誌『建築知識』の連載「住まいの照明設計塾」から、
出版の完成まで導いていただいたエクスナレッジの西山様、
本当にありがとうございました。
「いい家は、いい照明が証明する」。
この言葉を胸に秘めて、これからも真摯に住宅照明に取り組んでいきたいと思います。

花井架津彦（大光電機）

事例提供

一級建築士事務所エヌアールエム
P31.33.74下.94.97.99.103上.109上.124.125.127

株式会社　大塚工務店（滋賀）
P48.123

和建設　株式会社
P121

住空間設計 Labo
P26.27.67

積水ハウス株式会社
P42.43.70.71.84.85.101上.105.115.128.129.130.131

東宝ホーム株式会社
P46.49.75.101下

畑友洋建築設計事務所
P6.7.8.9.24

ミサワホーム近畿株式会社
P16.17.23

三井不動産株式会社
P64

吉川弥志設計工房
P81

株式会社 Y's design建築設計室＋JA laboratory
P49.88.89.90.91

荻野寿也景観設計

【順不同】

庭と住まいの照明手帖

2019 年 9 月 3 日　初版第 1 刷発行
2025 年 1 月 14 日　　第 6 刷発行

著者　　　花井架津彦（大光電機）

発行者　　三輪浩之

発行所　　株式会社エクスナレッジ
　　　　　〒106-0032
　　　　　東京都港区六本木 7-2-26
　　　　　https://www.xknowledge.co.jp/

問合せ先　［編集］　TEL：03-3403-1381
　　　　　　　　　　FAX：03-3403-1345
　　　　　　　　　　MAIL：info@xknowledge.cc.jp

　　　　　［販売］　TEL：03-3403-1321
　　　　　　　　　　FAX：03-3403-1829

無断転載の禁止
本書掲載記事（本文、図表、イラスト等）を当社および著作権
者の許諾なしに無断で転載（翻訳、複写、データベースへの入
力、インターネットでの掲載等）することを禁じます。